インクルーシブ教育システム構築のための学校における体制づくりのガイドブック

～全ての教員で取り組むために～

独立行政法人
国立特別支援教育総合研究所
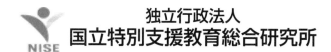

はじめに

　障害者に関する一連の国内法の整備がなされ、平成 26 年 1 月に障害者の権利に関する条約が批准された。平成 28 年 4 月からは障害者差別解消法も施行される。この法律では、国の行政機関や地方公共団体等及び民間事業者による「障害を理由とする差別」を禁止すること、差別を解消するための取組について政府全体の方針を示す「基本方針」を作成すること、行政機関等ごと、分野ごとに障害を理由とする差別の具体的内容等を示す「対応要領」「対応指針」を作成することが示されており、これを受けて、平成 27 年 11 月には、文部科学省においても、障害者差別解消法に基づく文部科学省所管分野の対応指針も策定された。

　国連において障害者の権利に関する条約が採択されたことにより、障害者を取り巻く環境が大きく変わろうしている。それは、障害者だけに関係する話ではなく、共生社会の形成に向けて、全ての人がその意義を理解し、意識をもって社会を変えていかなければならないということである。共生社会とは、これまで必ずしも十分に社会参加できるような環境になかった障害のある人たちが、積極的に参加・貢献していくことができる社会であり、それは、誰もが相互に人格と個性を尊重し支え合い、人々の多様な在り方を相互に認め合える全員参加型の社会である。

　全員参加型の社会の形成に向けて、学校教育は、障害のある子どもと障害のない子どもが共に学ぶ仕組みであるインクルーシブ教育システムの構築という重要な役割を担う。我が国におけるインクルーシブ教育システムの構築に関して重要な点は、個別の教育的ニーズのある子どもに対して、その時点で教育的ニーズに最も的確に応える指導を提供できる多様で柔軟な仕組みを整備すること、障害のある子どもも障害のない子どもも授業内容が分かり学習活動に参加している実感・達成感を持ちながら、充実した時間を過ごしつつ生きる力を身に付けていくことを保障することである。

　そのためには個々の教員や学校だけでなく、地域が学校を支える体制づくりが必要である。学校においては、本人及び保護者、教職員の共通理解のもと、チームとしての体制づくりを組織的に進める必要がある。本研究では、学校における体制づくりとそれを支える地域（市町村）における体制づくりをシステムとして構築していくためのガイドライン（試案）を作成した。本ガイドライン（試案）がより多くの学校や地域の体制づくりの参考になり、共生社会の形成に向けたインクルーシブ教育システムの構築が着実に進んでいくことを願っている。

研究代表者　教育情報部上席総括研究員　　笹森　洋樹

目　次

はじめに

Ⅰ　研究の概要 … 7

　　1．問題と背景
　　2．研究目的及び意義
　　3．研究計画・方法
　　4．研究の全体構想

Ⅱ　学校における体制づくりに関して重視すべき内容の検討 … 11

　　1．地域（市町村）における体制づくりに関するグランドデザインから
　　2．研究協力機関への訪問調査及び研究協議会における検討

Ⅲ　学校における体制づくりのガイドライン（試案）のまとめ … 17

　　1．ガイドライン（試案）の趣旨
　　2．ガイドライン（試案）の構成
　　3．学校における体制づくりのガイドライン（試案）
　　　　第1章　学校における体制づくりのためにおさえておきたいこと … 18
　　　　第2章　インクルーシブ教育システム構築のための体制づくりのQ＆A … 24
　　　　第3章　インクルーシブ教育システムに関する知っておきたい基礎知識 … 69

Ⅳ　総合考察 … 77

研究体制 … 84

おわりに … 85

Ⅰ　研究の概要

1　問題と背景

　本研究所では、第三期中期目標期間（平成23年度～平成27年度）を見通し、特定の包括的テーマ（領域）を設定して取り組む中期特定研究として、「インクルーシブ教育に関する研究」に取り組んできた。

　平成23～24年度の2つの研究、「インクルーシブ教育システムにおける教育の専門性と研修カリキュラムの開発に関する研究」及び、「インクルーシブ教育システム構築に向けた特別な支援を必要とする子どもへの配慮や特別な指導に関する研究」では、教職員・学校や地域における教育の専門性が、継続的に獲得、発揮されるためには、教育委員会にも支えられた学校等における組織的な取組が必要であり、また、地域における様々な関係機関や人との連携、協働が重要であることが確認された。このことを踏まえて平成25～26年度は、「インクルーシブ教育システム構築に向けた取組を支える体制づくりに関する実際的研究－モデル事業等における学校や地域等の実践を通じて－」に取り組んだ。インクルーシブ教育システム構築に向けた取組を進める上で必要とされる、教育の専門性や関係者の情報共有、関係機関等との連携、協働等を含む組織運営等を体制づくりの問題として捉え、その在り方について検討し、地域（市町村）における体制づくりに必要な、重視すべき内容について、体制づくりのグランドデザインとして地域（市町村）の実践事例とともにまとめた。

　教育現場では、障害者の権利に関する条約やインクルーシブ教育システムに関する情報がまだ少なく、「インクルーシブ教育」や「合理的配慮」などの新しい用語だけがその意味するものが十分に理解されないまま先行している現状がある。「特別支援教育はインクルーシブ教育に変わり、障害のある子どもは全て通常の学級で学ぶようになる。」、「合理的配慮は通常の学級で障害のある子どもが障害のない子どもと共に学ぶために提供される。」等、断片的な情報による誤解や、わからないことに対する不安と混乱もみられる。

　そこで本研究では、これまでの研究成果を踏まえ、地域（市町村）における体制づくりをどのように活用して学校における体制づくりを進めればよいか、また、学校の体制づくりの状況に応じて地域（市町村）は体制づくりをどのように見直していけばよいか、学校における体制づくりとそれを支える地域（市町村）における体制づくりをシステムとして構築していくことができるように、学校における体制づくりに関して重視すべき内容について検討し、学校における体制づくりのガイドライン（試案）としてまとめることとした。

2　研究目的及び意義

　インクルーシブ教育システムにおいては、本人及び保護者と学校や教員の間で適切な指導と必要な支援について合意形成が図られ、関係者の共通理解のもと、障害の状態や教育的ニーズに応じて基礎的な環境が整備され、適切な合理的配慮が提供されることが期待される。インクルーシブ教育システム構築のための体制づくりを学校がどのように進めればよいかは、教育現場の喫緊の課題となっている。

　そこで本研究は、これまでの研究成果を踏まえ、学校におけるインクルーシブ教育システム構築のための体制づくりに関して重視すべき内容について、研究協力機関における取組、文部科学省モデル

事業地域や学校現場からの情報収集、関連する文献や諸外国の動向等も参考に検討し、その内容を教育現場に提供することを目的とした。検討した内容については、学校における体制づくりのガイドライン（試案）としてまとめることにより、今後の、地域（市町村）や学校におけるインクルーシブ教育システム構築のための体制づくりの参考となるガイドとして広く教育現場に普及を図ることとする。

学校における体制づくりに関して重視すべき内容のまとめにあたっては、中央教育審議会初等中等教育分科会報告「共生社会の形成に向けたインクルーシブ教育システム構築のための特別支援教育の推進」（以下、中教審報告）に示された内容をできるだけ教育現場にわかりやすく伝えることに留意した。

中教審報告では、「インクルーシブ教育システムにおいては、同じ場で共に学ぶことを追及するとともに、個別の教育的ニーズのある子どもに対して、自立と社会参加を見据えて、その時点で教育的ニーズに最も的確に応える指導を提供できる、多様で柔軟な仕組みを整備することが重要である」と述べられている。また、「基本的な方向性としては、障害のある子どもと障害のない子どもが、できるだけ同じ場で共に学ぶことを目指すべきであるとしながらも、その場合には、それぞれの子どもが、授業内容が分かり学習活動に参加している実感・達成感を持ちながら、充実した時間を過ごしつつ、生きる力を身に付けていくことが最も本質的な視点とし、そのための環境整備が必要である」ことも述べられている。

このようにインクルーシブ教育システムは、教員や学校の個々の努力においても行われることはもちろんであるが、国レベルそして地域（都道府県及び市町村）レベルにおいても、教員や学校を支える仕組みの整備、教育環境の整備がとても重要になる。

平成28年4月からは障害を理由とする差別の解消の推進に関する法律（以下、障害者差別解消法）が施行され、障害のある子どもに対する合理的配慮の提供がいよいよ具体的な段階に入ってくる。インクルーシブ教育システムは一つの理念であり、システムの構築とはよりよいものをつくり上げていくプロセスであると考えられる。本研究において、我が国におけるインクルーシブ教育システム構築のゴールを明確に示せるものではないが、学校における体制づくりに関して重視すべき内容について検討し、ガイドライン（試案）としてまとめ、情報提供することは、教育現場の誤解や不安、混乱を取り除くとともに、インクルーシブ教育システムの考え方や目指しているものの理解を促し、学校や地域（市町村）における体制づくりの具体的な取組の方向性を示すことができると考える。

3 研究計画・方法

インクルーシブ教育システムに関する研究として、本研究所でこれまで取り組んできた3つの先行研究から得られた知見をベースに、研究協力機関である文部科学省モデル事業地域や学校現場からの情報収集、関連する文献や諸外国の動向等も参考にしながら、学校におけるインクルーシブ教育システム構築のための体制づくりをどのように進めればよいか、その重視すべき内容について検討し、学校における体制づくりのガイドライン（試案）としてまとめた。

学校における体制づくりに関して重視すべき内容についてのまとめは、中教審報告に示された内容をできるだけ教育現場に分かりやすく伝えることに留意し、学校全体として、これまでの特別支援教育の体制づくりの見直しの視点とインクルーシブ教育システム構築のための新たな視点で考えることができるように、学校における体制づくりの中心となる管理職や特別支援教育コーディネーターだけでなく、全ての教職員にとってできるだけ分かりやすく内容を示すことに心がけることとした。

そのために、文部科学省のインクルーシブ教育システム構築モデル事業の実施地域からこれまでの成果と課題、今後重要になると思われること等について情報収集を行った。さらに、教育委員会や学校の関係者から、インクルーシブ教育システムについて、教育現場が分からないことや知りたいことの聞き取りを行い、ニーズを把握した。
　また、公開研究協議会を開催し、都道府県及び指定都市の教育委員会関係者からガイドライン（試案）に対する意見収集する機会も設けた。
　それらの情報収集やニーズの把握から、学校における体制づくりに関して重視すべき内容について検討し、「教職員が共通理解しておきたいこと」、「疑問に対する解決に関すること」、「知っておいてほしい基本的な知識」の3つに分けてまとめていくこととした。

　研究協力者には、文部科学省初等中等教育局特別支援教育課特別支援教育企画官　齋藤憲一郎氏と、厚生労働省社会・援護局障害保健福祉部障害福祉課　障害児・発達障害者支援室・障害福祉専門官　田中真衣氏にお願いし、文部科学省初等中等教育局特別支援教育調査官にも随時意見をうかがった。また、研究協力機関には、文部科学省モデル事業実施地域から他の地域の参考になる取組をしている以下の10地域の県及び市の教育委員会を選定した。

（1）研究協力機関及び学校への訪問
　　　①宮崎県教育委員会、都城市立明道小学校
　　　②石巻市教育委員会、石巻市立釜小学校、石巻市立青葉中学校
　　　③潟上市教育委員会、潟上市立大豊小学校
　　　④船橋市教育委員会、船橋市立海神中学校
　　　⑤上越市教育委員会、上越市立春日新田小学校
　　　⑥岡谷市教育委員会、岡谷市立田中小学校
　　　⑦いなべ市教育委員会、いなべ市立員弁東小学校、いなべ市立山郷小学校
　　　⑧和歌山市教育委員会、和歌山市立西浜中学校
　　　⑨芦屋市教育委員会、芦屋市立浜風小学校、芦屋市立精道中学校
　　　⑩下関市教育委員会、下関市立勝山小学校

（2）研究協議会等の開催
　　　・研究協議会（10地域の研究協力機関、研究協力者が参加）
　　　・公開研究協議会（40都道府県及び指定都市の教育委員会関係者が参加）

4　研究の全体構想

　図1に、これまでの本研究所のインクルーシブ教育システムに関する研究の全体構想を示した。平成23～24年度には2つの研究を行った。「インクルーシブ教育システムにおける教育の専門性と研修カリキュラムの開発に関する研究」では、教育の専門性と研修カリキュラムの開発について提案した。また、「インクルーシブ教育システム構築に向けた特別な支援を必要とする児童生徒への配慮や特別な指導に関する研究」では、合理的配慮と基礎的環境整備の実践例をまとめた。
　平成25～26年度は、「インクルーシブ教育システム構築に向けた取組を支える体制づくりに関する実際的研究－モデル事業等における学校や地域等の実践を通じて－」に取り組んだ。先の2つの研

究成果から、インクルーシブ教育システム構築に向けた取組を進める上で必要とされる教育の専門性や関係者の情報共有、関係機関等との連携、協働等を含む組織運営等を体制づくりの問題としてとらえ、地域（市町村）における体制づくりに必要な重視すべき内容について、地域（市町村）の実践事例とともにまとめた。

　平成27年度は、地域（市町村）における体制づくりに支えられ、教育の専門性を担保し、基礎的環境整備のもと適切な合理的配慮が提供できるための学校における体制づくりについて、ガイドライン（試案）としてまとめた。

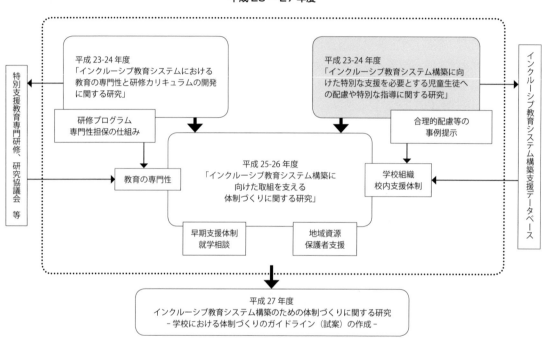

図1　研究の全体構想

Ⅱ 学校における体制づくりに関して重視すべき内容の検討

1 地域（市町村）における体制づくりに関するグランドデザインから

　学校における体制づくりに関して重視すべき内容の検討にあたっては、平成25～26年度の「インクルーシブ教育システム構築に向けた取組を支える体制づくりに関する実際的研究－モデル事業等における学校や地域等の実践を通じて－」においてまとめた、地域（市町村）における体制づくりに関して重視すべき内容（グランドデザイン）をもとに検討した。

　地域（市町村）における体制づくりに関して重視すべき内容（グランドデザイン）は、各学校における基礎的な環境整備や個々の子どもの合理的配慮の提供を地域（市町村）として支えるための体制づくりに関して、必要かつ重視すべき内容について、8つの観点で整理したものである。体制づくりに関して重視すべき内容（グランドデザイン）は、全国のどこの地域（市町村）においても等しく取り組むべきものとしてまとめているが、人口規模や社会資源の状況など地域の実情に応じて、優先度の高いものから選択し、重点的に取り組むことも考えられる。

　学校における体制づくりにあたっては、地域（市町村）における体制づくりをどのように活用して、学校における体制づくりを進めればよいか、また、学校の体制づくりの状況に応じて地域（市町村）は体制づくりをどのように見直していけばよいか、学校における体制づくりとそれを支える地域（市町村）における体制づくりがシステムとして構築されていくことが大切である。地域（市町村）における体制づくりに関して重視すべき内容の8つの観点を学校に置き換えて検討していくこととした。

　8つの観点は以下の通りである。

1．インクルーシブ教育システム構築に向けてのビジョン
(1) 地域の現状を把握した上でシステム構築に向けて目指しているものがある。
(2) 学校や地域社会にとって具体的で実現可能なものとなっている。
(3) 体制づくりの取組に関する評価の観点が明確にされている。

2．行政の組織運営に関すること
(1) 医療、保健、福祉、教育、労働等の関係部局が連携した施策展開が図られている。
(2) 行政施策に関する進捗管理の統括部門が設けられている。
(3) インクルーシブ教育システムや特別支援教育に関する検討会議等が設けられている。
(4) 分かりやすい仕組みが整備されている。

3．乳幼児期からの早期支援体制に関すること
(1) 出生後から就学まで相談支援体制が確立している。
(2) 子育て支援の中に発達を支援する内容が含まれている。
(3) 保育所や幼稚園等において子どもや保護者への支援が行われている。
(4) 支援の必要な子どもが在籍する保育所や幼稚園等に対して支援が行われている。
(5) 情報を共有化するためのツール（相談支援ファイルなど）が活用されている。

4．就学相談・就学先決定に関すること
(1) 障害の状態等を踏まえた総合的な観点から就学先を決定する仕組みが確立されている。
(2) 保護者及び専門家からの意見聴取の機会が設けられ、就学先の決定に反映されている。
(3) 就学時健診の目的・役割とそれまでの相談体制が確立している。
(4) 保育所・幼稚園等の支援を小学校につなげる就学支援シートなどが活用されている。
(5) 就学に関する保護者への情報提供などの支援体制が充実している。

5．各学校における合理的配慮、基礎的環境整備への支援の取組に関すること
(1) 合理的配慮の充実を図る基礎となる環境整備が計画的に行われている。
(2) 地域において、支援を必要とする子どもを把握し支援をつなぐ体制が確立している。
(3) 地域において、校内委員会、校内支援体制を支援する体制が確立している。
(4) 地域において、個別の指導計画、個別の教育支援計画が活用されている。
(5) 専門職員、支援員等の人材が配置され、積極的に活用されている。
(6) 地域において、特別支援学級、通級による指導が積極的に活用されている。

6．地域資源の活用による教育の充実に関すること
(1) 交流及び共同学習のねらいが双方の指導計画や授業計画等に明記され、積極的に実施されている。
(2) 学校間連携等の域内の教育資源の組合せにより教育の充実が図られている。
(3) 専門家チームや巡回相談員等の相談支援がいつでも受けられる体制が確立している。
(4) 特別支援学校のセンター的機能が積極的に活用されている。
(5) 市町村と都道府県レベル等の広域での連携体制が確立されている。

7．教育の専門性に関すること
(1) 教育の専門性に関する方針・方策が明確にされている。
(2) 専門性向上のための教職員の研修体制が確立されている。
(3) 専門職員、支援員の採用を含み、教職員人事が効果的に配置されている。

8．社会基盤の形成に関すること
(1) 地域住民に対する理解啓発の取組が実施されている。
(2) 生涯にわたりいつでもサポートを受けられる体制が確立されている。
(3) 自立と社会参加に向けた就労支援の仕組みがある。

(国立特別支援教育総合研究所（2015）「インクルーシブ教育システム構築に向けた取組を支える体制づくりに関する実際的研究」研究成果報告書）

2　研究協力機関への訪問調査及び研究協議会における検討

　教育現場に分かりやすい内容としてまとめていくにあたり、いずれも文部科学省のインクルーシブ教育システム構築モデル事業に取り組んだ地域である研究協力機関の教育委員会と所管の小学校、中学校を訪問し、モデル事業の取組の成果と課題、今後重要になると思われることについて情報収集を行った。さらに、学校関係者からはインクルーシブ教育システムについて教育現場が分からないことや知りたいことの聞き取りを行い、ニーズを把握した。

　また、研究協議会において意見収集を行うとともに、ガイドライン（試案）におけるＱ＆Ａの内容の妥当性を高めるために、都道府県・政令指定都市の教育委員会及び教育センター担当者に募集をかけ、公開研究協議会を開催し、教育現場の現状に関する情報交換を行うとともにニーズを把握した。

（1）研究協力機関（県及び市）、学校等への訪問による情報収集

　文部科学省のインクルーシブ教育システム構築モデル事業のこれまでの取組における課題と今後重要になると思われることについては、主に以下のようなことが挙げられた。

＜教員等の意識や理解に関すること＞
・教員一人一人のインクルーシブ教育システムや合理的配慮に関する意識の向上
・障害のある子どもが共に学ぶことの意義や意味の共通理解
・合理的配慮の提供を対応するための特別支援教育の一層の推進
・担当者が変わっても質が低下しない普遍的で安定した仕組みの確立
・体制づくりの定期的な評価、振り返りの必要性

＜支援の連続性、一貫した支援体制に関すること＞
・進学に伴う学校間の引き継ぎ、支援の連続性
・一貫した支援体制の確立のための個別の教育支援計画の作成及び活用
・早期からの一貫した相談支援体制、社会的自立に向けた体制の整備

＜校内支援体制の構築に関すること＞
・特別支援教育に関する専門性の高い教員の育成と人事配置の工夫
・管理職のリーダーシップの強化
・通常の学級担当教員の指導力の向上
・専門性に裏付けされた指導・助言のできる人材の活用
・特別支援教育コーディネーター役割と専門性
・校内委員会等の役割の明確化
・個別の指導計画の評価・見直し

＜教育の専門性に関すること＞
・実践事例の積み上げ、活用した研修等による教員の専門性の向上
・他職種の活用による支援体制の充実

＜本人や保護者に関すること＞
・保護者の不安や要望に応えられる相談支援体制、関係機関との連携
・本人及び保護者との合意形成の進め方
・本人や保護者の発達課題に応じた自己理解

・周囲の子どもや保護者、地域住民に対する理解啓発の促進

　また、インクルーシブ教育システム構築に関して「分からないこと」「知りたいこと」については、主に以下のようなことが挙げられた。

＜システム構築に関すること＞
　・インクルーシブ教育システム構築は何から始めればよいか
　・これまでの特別支援教育との違い
　・インクルーシブ教育システムに関する教職員の共通理解の方法
　・インクルーシブ教育システム構築に関する評価の観点
＜合理的配慮に関すること＞
　・合理的配慮が義務になることをどのように考えれば良いか
　・合理的配慮、基礎的環境整備をどのように決定していくか
　・就学先の決定や合理的配慮について保護者とどう合意形成を図るか
　・通常の学級での一斉指導の中での合理的配慮の提供
　・障害が重い子どもの場合はどのような合理的配慮を考えればよいか
＜校内支援体制に関すること＞
　・既存の校内支援体制をどう変えていく必要があるのか
　・特別支援教育コーディネーターの専門性はどう変わっていくか
　・支援員や教育ボランティア活用を検討する際の留意点
　・通常の学級において誰もが学びやすい授業づくり
　・ユニバーサルデザインと基礎的環境整備の違い
　・学級経営や生徒指導との関連をどう考えれば良いか
　・特別支援学校、特別支援学級、通級指導教室の役割
　・個別の指導計画、個別の教育支援計画の作成・活用の仕方
＜子どもや保護者、地域資源に関すること＞
　・連続性のある多様な学びの場をどう考えれば良いか
　・交流及び共同学習の一層の推進と評価の方法
　・外部の専門機関との連携、活用の仕方
　・まわりの子ども、校内の保護者に対する理解啓発の方法
＜その他＞
　・理解し実践していくための手引書等が欲しい

（2）研究協議会、公開研究協議会における意見収集

①第1回研究協議会における「ガイドライン（試案）」の方向性に関する協議
　第1回研究協議会は、各研究協力機関におけるインクルーシブ教育システム構築に向けた取組の現状を把握するとともに、「学校における体制づくりのガイドライン（試案）」の方向性を明確にするための意見収集を目的に開催された。
　「ガイドライン（試案）」全体に関わることとして、全ての教職員を対象とするが、特に体制づくりの中心となる小・中学校等の管理職及び特別支援教育コーディネーターに活用してもらいたいもので

あることが確認された。
　また、「ガイドライン（試案）」におけるＱ＆Ａの内容については、「福祉機関との連携についてもふれること」「『基礎的環境整備』に関するＱも入れること」「障害のある子どもとともに過ごしている障害のない子どもの理解も重要であること」「障害のある子ども本人の障害理解も大事なキーワードであること」等、具体的な意見を収集できた。

②公開研究協議会における「ガイドライン（試案）」に関する意見及びニーズの把握
　公開研究協議会は、都道府県・政令指定都市の教育委員会及び教育センター担当者に、インクルーシブ教育システム構築のための体制づくりに関する先進地域での取組の紹介と共に、本研究班で検討した「ガイドライン（試案）」におけるＱ＆Ａの内容の妥当性を高めるために、担当者から意見収集を目的として開催された。40名の参加があった。
　先進地域の取組の報告は、宮崎県及び上越市の２地域よりなされた。取組の報告後は、エリアコーディネーター（宮崎県）及び巡回相談員（上越市）の仕組みや校内での位置付け、宮崎県で実施する協議会内容、巡回相談の支援結果の報告方法などに関する質疑応答が行われた。「ガイドライン（試案）」におけるＱ＆Ａに関しては、担当者より以下の意見やニーズが示された。Ｑ＆Ａの内容については、
　「特別支援教育を丁寧に積み重ねることにより、いじめ予防、不登校予防にも役立つといった特別支援教育の重要性を強調することが重要である」
　「教育の専門性や社会基盤では、研修時に保護者や地域の参加を呼びかける視点が必要ではないか。また、当事者を講師として招くとよいのではないか。」
　「高等学校段階における特別支援教育の推進について、管理職や特別支援教育コーディネーターが、どうすればよいかというＡ（回答）を盛り込んでほしい。」
　「教育委員会は幼稚園段階や私立学校の状況把握が難しいので、特別支援教育を推進する方法を記述してほしい。」
また、学校の多忙さを解消する意見として、Ｑ（問い）に、
　「忙しい場合、どのように時間をつくればよいか」
　「生徒指導上の課題のある生徒の場合は、ケース会議はどのように開催すればよいか」などが示された。
さらに、Ｑ＆Ａのレイアウトについて、
　「提示されたＱ＆Ａは、かみくだいて記述されているのでわかりやすいが、ダイジェスト版を作成するなど疑問を感じた読者が詳しく読める工夫があるとよい。」
　「文章だけだと読まないので、イラストや図などがあるとよい。」等の意見も出された。

③第２回研究協議会における「ガイドライン（試案）」のまとめに関する協議
　第２回研究協議会では、研究協力機関からモデル事業の取組のその後の状況と次年度以降に向けた成果と課題について報告してもらった後、「ガイドライン（試案）」部分も含め研究成果のまとめについて、内容の妥当性はどうか、教育現場のニーズに見合う内容になっているかどうか等、意見交換が行われた。
　教育現場で課題が大きいこととして、「障害のある子どもと障害のない子どもが共に学ぶことの考え方」「特別支援教育と合理的配慮の関係」「本人や保護者との合意形成に関すること」「まわりの子どもや保護者の理解の重要性」「情報を共有する方法やツールの活用」「単に障害理解ということだけでなく、多様性の尊重、共生社会に関する理解という視点も重要」「学校だけで悩まず、地域が支え

ていくこと」等が挙げられた。また、Qに対するAとの整合性、分かりにくい言い回しや誤解を生みやすい表現、教育と福祉の用語の使い方の違い、全体の流れを考えたときの構成の見直し、レイアウトの見やすさ等についての指摘もあった。

　最後に、研究協力者から「具体例も挙げられており、全体的に読みやすいものになっている」「教育と福祉の連携の重要性が分かる」「学校現場で活用されるようにして欲しい」等の話があった。

　　　　　　　　　　　　　　　　　　　　　　　　　　　（笹森　洋樹、岡本　邦広、森山　貴史）

Ⅲ 学校における体制づくりのガイドライン(試案)のまとめ

1 ガイドライン(試案)の趣旨

　インクルーシブ教育システム構築のための学校における体制づくりに関して重視すべき内容をガイドライン(試案)としてまとめる。地域(市町村)における体制づくりをどのように活用して、学校における体制づくりを進めればよいか、また、学校の体制づくりの状況に応じて地域(市町村)は体制づくりをどのように見直していけばよいか、学校における体制づくりとそれを支える地域(市町村)における体制づくりを組織的な体制づくりのシステムとして構築できるように内容をまとめていく。また、体制づくりにあたっては、これまで以上に本人、保護者と学校関係者との共通理解、合意形成をもとに進めていく必要があることをおさえる。
　学校全体の組織的な取組として体制づくりを進めることが重要であることから、体制づくりの中心となる管理職や特別支援教育コーディネーターだけでなく、全ての教職員にとってできるだけ分かりやすく内容を示すことに心がける。

2 ガイドライン(試案)の構成

　情報収集やニーズの把握から、学校における体制づくりに関して重視すべき内容について検討し、その重要性や優先度等から、「校内の全ての教職員が共通理解しておきたいこと」、「疑問に対する解決に関すること」、「知っておいてほしい基本的な知識」の3つに分けてまとめていくこととした。

第1章　学校における体制づくりのためにおさえておきたいこと
　・教育の専門性の確保とチームとしての学校(地域)の体制づくりについて、校内の
　　全ての教職員が共通理解しておきたいことを解説

第2章　インクルーシブ教育システム構築のための体制づくりの「Q&A」
　・インクルーシブ教育システムに関して教育現場で「分からないこと」「知りたいこと」
　　として多く挙げられた内容を中心にQを選定し、Aではこれまでの特別支援教育の
　　体制整備の見直しとインクルーシブ教育システム構築のための体制づくりの新たな
　　視点から解説

第3章　インクルーシブ教育システムに関する知っておきたい基礎知識
　・障害者の権利に関する条約の批准に至までの国内法等の整備を中心に、教育現場に
　　も知っておいて欲しい基礎的な知識について解説

3 学校における体制づくりのガイドライン（試案）

第1章　学校における体制づくりのためにおさえておきたいこと

　学校が抱える課題は、多様化・複雑化してきており、教職員が個々に対応するには質的にも量的にも難しくなってきている。それらの課題を解決するためには、学校が地域の専門家や専門機関と連携し、チームとして取り組む体制を整備することが必要である。インクルーシブ教育システム構築のための教育の専門性を確保し、チームとして学校の体制づくりを進めるためには、授業づくりや学級づくり、生徒指導等、学校の教育活動の全てにおいて特別支援教育の視点で考えてみることが大切である。

　ここでは、体制づくりのために校内の全ての教職員が共通理解しておきたいことを挙げた。インクルーシブ教育システムの構築は、全て新しいことから始めなければいけないわけではないことから、これまでの特別支援教育の体制整備でも「やってきたこと」、これまでと同じように「できそうなこと」「やれそうなこと」という観点でまとめた。

（1）共生社会の形成、インクルーシブ教育システムとは

　中央教育審議会初等中等教育分科会報告「共生社会の形成に向けたインクルーシブ教育システム構築のための特別支援教育の推進」（以下、中教審報告）には、「共生社会とは、これまで必ずしも十分に社会参加できるような環境になかった障害のある人たちが、積極的に参加・貢献していくことができる社会であり、それは、誰もが相互に人格と個性を尊重し支え合い、人々の多様な在り方を相互に認め合える全員参加型の社会である」ことが示されている。学校教育は、障害のある子どもの自立と社会参加を目指した取組を含め、「共生社会」の形成に向けて、重要な役割を果たすことが求められてくる。その意味で、共生社会の形成に向けたインクルーシブ教育システム構築のためには、これまでも推進してきた特別支援教育についての基本的な考え方が、学校教育関係者だけでなく、地域の人たちにも共有されることが大切である。

　また、インクルーシブ教育システムについては、「人間の多様性の尊重等の強化、障害者が精神的及び身体的な能力等を可能な最大限度まで発達させ、自由な社会に効果的に参加することを可能とするとの目的の下、障害のある者と障害のない者が共に学ぶ仕組みであり、障害のある者が一般的な教育制度（general education system）から排除されないこと、自己の生活する地域において初等中等教育の機会が与えられること、個人に必要な合理的配慮が提供されること」等が、障害者の権利に関する条約第24条に示されている。

　つまり、インクルーシブ教育システムは、単に、障害のある人と障害のない人が共に学ぶ仕組みを考えるのではなく、人間の多様性というものをこれまで以上に尊重し、障害のある人たちが精神的、身体的な能力等を最大限まで発達させて、自由な社会に効果的に参加できるようになることを目的とするということである。

（2）障害のある子どもも障害のない子どもも授業内容が分かり、学習活動に参加している実感・達成感を持ちながら共に学ぶために

　インクルーシブ教育システムにおいては、障害のある子どもと障害のない子どもが、同じ場で共に

学ぶことができることを追求するが、それと同時に、個別の教育的ニーズのある子どもに対して、自立と社会参加を見据えて、その時点で教育的ニーズに最も的確に応える指導を提供できる、多様で柔軟な仕組みを整備することが重要になる。通常の学級、通級による指導、特別支援学級、特別支援学校が、連続性のある「多様な学びの場」となることが求められる。

中教審報告では、「基本的な方向性としては、障害のある子どもと障害のない子どもが、できるだけ同じ場で共に学ぶことを目指すべきである。その場合には、それぞれの子どもが、授業内容が分かり学習活動に参加している実感・達成感を持ちながら、充実した時間を過ごしつつ、生きる力を身に付けていけるかどうか、これが最も本質的な視点であり、そのための環境整備が必要である。」と述べられている。

学校教育法施行令の一部改正により、障害のある子どもの就学先決定の仕組みについて、「特別支援学校への就学を原則とし、例外的に小中学校へ就学することも可能」としていた従前の規定が改められ、個々の子どもについて、市町村の教育委員会が、その障害の状態等を踏まえた総合的な観点から就学先を決定する仕組みとすること等が規定された。早期からの本人・保護者へ就学に関する十分な情報提供がなされる必要があるとともに、就学先決定後も柔軟に就学先を見直していく必要があることも示された。

通常の学級、通級による指導、特別支援学級、特別支援学校が、連続性のある「多様な学びの場」となり、柔軟に就学先を見直していくためには、教育課程の編成や学習内容についての連続性もこれからは求められてくる。個別の教育支援計画の活用や、交流及び共同学習を教育課程上に明確に位置付ける等の取組が重要になる。

「多様な学びの場」として、通常の学級、通級による指導、特別支援学級、特別支援学校それぞれの場において環境整備の充実を図っていく必要がある。通常の学級においては、少人数学級の実現に向けた取組や複数教員による指導など指導方法の工夫や改善が望まれる。少人数制の学級である特別支援学級の指導方法の工夫や改善等もインクルーシブ教育システム構築に向けて検討していく必要がある。また、通級による指導は、他校通級による子どもの移動の負担等を軽減するため、自校で通級による指導が受けられる仕組みを考えることも必要である。

(3) 特別支援教育の充実がインクルーシブ教育システム構築の基盤に

インクルーシブ教育システム構築には、特別支援教育の充実が基盤となる。特別支援教育は、障害のある子どもの自立や社会参加に向けた主体的な取組を支援する視点から、子ども一人一人の教育的ニーズを把握し、その持てる力を高め、生活や学習上の困難を改善又は克服するため、適切な指導及び必要な支援を行うものである。さらに、特別支援教育は、障害のある子どもへの教育にとどまらず、障害の有無やその他の個々の違いを認識しつつ、様々な人々が生き生きと活躍できる共生社会の形成の基礎となるものである。

特別支援教育は子ども一人一人を大切にした教育である。一人一人を大切にする教育の充実とは、個別的な指導を充実させるということだけでなく、集団の中の個人、集団を構成する一人一人のことを大切にする教育を充実させるということである。合理的配慮が個への支援とすれば、その基礎となる環境整備は、個も含めた集団への支援とも考えられる。そこには、一人一人の子どもに寄り添う学級経営や生徒指導の充実が大切であり、誰もが分かる授業づくりの工夫なども求められてくる。

(4) 学校間連携や専門的な人材など地域にある教育資源の積極的な活用を

多様な子どもの教育的ニーズに的確に応えていくためには、校内の教職員の対応だけでは難しい場合もある。特別支援教育支援員や教育ボランティアの活用のほか、地域の特別支援学校、特別支援学級、通級指導教室等をスクールクラスター（域内の教育資源の組合せ）として利用していくようにする。さらには、SC（スクールカウンセラー）、SSW（スクールソーシャルワーカー）、ST（言語聴覚士）、OT（作業療法士）、PT（理学療法士）等の専門職、障害者支援に関するセンターや事業所等とも連携を図ることにより、教育的ニーズのある子どもへの支援を充実させることが考えられる。

また、子どもの健康課題に対応した学校保健の環境づくりも重要である。学校においては、養護教諭を中心として、学級担任等、学校医、学校歯科医、学校薬剤師、スクールカウンセラー等、学校内における連携を更に進めるとともに、医療関係者や福祉関係者等、地域の関係機関との連携を推進することが必要である。医療的ケアの観点から看護師等の専門家についても、必要に応じ確保していくことも検討していくようにする。

域内の教育資源の組合せ（スクールクラスター）により、各地域におけるインクルーシブ教育システムを構築することが重要である。特別支援学校は、小・中学校等の教員への支援機能、特別支援教育に関する相談・情報提供機能、障害のある子どもへの指導・支援機能、関係機関等との連絡・調整機能、小・中学校等の教員に対する研修協力機能、障害のある子どもへの施設設備等の提供機能等のセンター的機能を有している。地域の小・中学校等の身近な相談・支援機関として活用することができる。

各学校が単体で、個別の教育的ニーズに十分に応えることは難しいことから、学校間連携や専門的な人材活用等、域内の教育資源を様々に組み合わせることにより、地域の教育の充実を図っていくことが望まれる。

（5）校長のリーダーシップ、教職員の共通理解のもと、学校全体で

インクルーシブ教育システム構築のため、全ての教職員は、特別支援教育に関する一定の知識・技能を有していることが求められる。特に発達障害に関する一定の知識・技能は、発達障害の可能性のある子どもの多くが通常の学級に在籍していることから必須になる。これからは、大学等の教員養成の段階で履修することが望まれる。また、現職の教員については、研修の受講等により基礎的な知識・技能の向上を図る必要がある。

障害のある子ども一人一人に対する教育の質を一層充実させるためには、校長のリーダーシップのもと、校内委員会等を中心とした全校体制での取組、個別の指導計画や個別の教育支援計画の作成と活用、人的配置等の支援体制の整備、教員の専門性の向上などに取り組むことが大切である。

校内委員会の目的は、教育的ニーズのある子どもに対して、これまでの対応についての情報を整理し、今後の適切な指導と必要な支援について検討することである。そして、教職員間で共通理解に立ち、協力して対応できるように校内の支援体制を整えていく。その際、教育的ニーズのある子どもの個別的な対応のみを考えるのではなく、学級全体への支援も含めた学級経営や生活指導の在り方、直接指導に携わる教師等への支援についても検討していくようにする。

特別支援教育コーディネーターの役割も重要である。校内・校外の資源を適材適所にうまく活用し、効率的な役割分担をコーディネートすることにより、組織・チームによる支援体制を機能させる役割を担う。担任等が子どもに対して適切な指導と必要な支援ができるように、校内の支援体制がうまく機能するようにコーディネートすることがコーディネーターの役割である。コーディネーターが先導するのではなく、教職員が自分の問題として考える話し合いを推進し、校内の支援体制により組織的

な問題解決が図れる力量を学校がつけていくようにしていく。

(6) 本人・保護者のニーズの把握、十分な情報提供と合意形成から

　子ども一人一人の教育的ニーズに応じた適切な指導と必要な支援を保障するためには、乳幼児期を含め早期からの教育相談や就学相談を行うことにより、本人及び保護者に十分な情報を提供することが大切である。同時に、幼稚園等において、保護者を含め関係者が教育的ニーズに応じた適切な指導と必要な支援について共通理解を深めることにより、保護者が子どもの障害に気づき、受け止め、その後の円滑な支援体制につなげていくことが重要になる。そのためには、本人及び保護者と市町村教育委員会、学校等が、教育的ニーズに応じた適切な指導と必要な支援について合意形成を図っていくようにする。

　障害のある子どもの就学先決定の仕組みについて、就学時に決定した学びの場は固定したものではなく、それぞれの子どもの発達の程度、適応の状況等を勘案しながら柔軟に転学ができるということを、全ての関係者の共通理解とする必要がある。そのためには、教育相談や個別の教育支援計画に基づく関係者による会議などを定期的に行い、必要に応じて、就学先を変更できるようにしていくことが望まれる。

　障害のある子どもの能力を十分発達させていく上では、受入先の学校には必要な教育環境の整備が求められる。そのためには、校長や教育委員会等が、あらかじめ人的配置や物的整備を計画的に行うことを検討するとともに、合理的配慮の提供について検討することになる。障害の状態、教育的ニーズ、学校、地域の実情等に応じて、本人及び保護者に、受けられる教育や支援等についてあらかじめ説明し、十分な理解を得るようにすることが望まれる。

(7) 合理的配慮は基礎的環境整備をもとに

　インクルーシブ教育システムにおいては、個人に必要な合理的配慮が提供されることが必要とされている。合理的配慮とは、障害のある子どもが、他の子どもと平等に「教育を受ける権利」を享有・行使することを確保するために、学校の設置者及び学校が必要かつ適当な変更・調整を行うことであり、障害のある子どもに対し、その状況に応じて、学校教育を受ける場合に個別に必要とされるものである。但し、学校の設置者及び学校に対して、体制面、財政面において、均衡を失した又は過度の負担を課さないものとされている。合理的配慮の否定は、障害を理由とする差別に含まれるとされ、障害者差別解消法においても合理的配慮の不提供が禁止事項とされている。

　合理的配慮は、一人一人の障害の状態や教育的ニーズ等に応じて決定されるものである。学校の設置者及び学校と本人、保護者により、発達の段階を考慮しつつ、可能な限り合意形成を図った上で決定し、提供されることが望まれる。そして、その内容について、個別の教育支援計画に明記することで、関係者の間で共有化が図られ、次の進路先にもつながっていくことになる。合理的配慮は発達の程度や適応の状態等によっても変わり得るものであり、柔軟に見直しを図る必要がある。十分な教育が受けられるように合理的配慮が提供できているか、例えば、個別の教育支援計画、個別の指導計画において結果を評価して、定期的に見直していくことが求められる。

　基礎的環境整備とは、合理的配慮の基礎となる環境整備であり、障害のある子どもに対し、国、都道府県、市町村及び学校等が行う教育環境の整備である。合理的配慮の充実を図る上で、基礎的環境整備の充実は欠かせないものであり、必要な財源を確保し充実を図っていく必要がある。合理的配慮

は、基礎的環境整備をもとに個別に決定されるものであり、それぞれの学校の状況により、提供される合理的配慮は異なることも考えられる。

　合理的配慮や基礎的環境整備を円滑に進めていくためには、学校・家庭・地域社会における教育が十分に連携し、相互に補完しつつ、一体となって営まれることが重要であることを、学校と地域の人たちとが共通理解していくことが重要になる。

（8）誰もが分かる授業づくりと学び合う、支え合う学級づくり、生徒指導を

　インクルーシブ教育システム構築のためには、学校における教育内容や教育方法についても見直していく必要がある。障害者理解を進めるために交流及び共同学習の充実を図っていくことや、通常の学級で学ぶ障害のある子ども一人一人に応じた指導・評価の在り方、さらには、障害があることが周囲から認識されていないものの学習上又は生活上の困難のある子どもについても、効果的な指導の在り方を検討していく必要がある。

　通常の学級においては、個別指導、少人数指導や複数教員による指導など指導方法の工夫が考えられる。また、子どもの実態に応じた適切な指導と必要な支援を受けられるようにするために、本人及び保護者の教育的ニーズを十分に把握し、必ずしも通常の学級で全ての教育を行うのではなく、通級による指導を行ったり、特別支援学級や特別支援学校と連携して指導を行ったりすること等、多様な学びの場を活用した効果的な指導を柔軟に行うことも考えられる。

　子どもの実態に合わせた分かりやすい授業は、教師と子どもの信頼関係を生み、安心できる居心地のよい教育環境をつくっていく。授業の内容を理解できるかどうかは、適応状態をも大きく左右する。授業が分かれば達成感や成就感を得ることができ、子どもの学習への意欲と学力の向上につながっていく。子どもの学び方の特性は一人一人違う。全ての子どもに分かりやすい授業というものが一律にあるわけではなく、学級の実態や子どもの特性に応じて修正しながら、誰もが分かる授業づくりを工夫していくようにする。特別支援教育の視点を取り入れた授業研究会等も効果的である。

　生徒指導は、子どもの問題行動への対症療法的な対応だけにとどまるものではなく、全ての子どもの人格のよりよき発達を促すとともに、学校生活が有意義で充実したものになることを目指している。生徒指導も特別支援教育も一人一人の子ども理解の深化が基盤となる。全ての教職員による全校体制で取り組むこと、積極的に関係機関等とも連携を図りながら進めていくことは共通に重要なことである。障害の有無にかかわらず、子どもの課題を特別支援教育の視点でも捉えてみることが、生徒指導の充実につながっていくと考えられる。

（9）交流及び共同学習の推進と地域社会への理解啓発の取組を

　特別支援学校と幼・小・中・高等学校等との間で行われる交流及び共同学習は、特別支援学校や特別支援学級に在籍する障害のある子どもにとっても、障害のない子どもにとっても、共生社会の形成に向けて、経験を広め、社会性を養い、豊かな人間性を育てる上で大きな意義をもっている。各学校において、ねらいを明確にし、教育課程に位置付けたり、年間指導計画を作成したりする等、計画的・組織的な推進が必要である。

　共生社会の形成のためには、障害のある人が、どれだけ社会に参加・貢献できるかということが問われてくる。インクルーシブ教育システムの推進にあたっては、日頃から地域に障害のある人がいるということが周知され、障害のある人と地域住民や保護者との相互理解が得られていることが重要で

ある。学校以外の地域の様々な場面においても、どう支援を行っていくかという学校と地域における支援のつながりが必要である。保護者だけでなく地域住民も対象として、「特別支援教育」や「障害理解」、「共生社会」、「インクルーシブ教育システム」等についての取組を学校行事等で積極的に取り上げたり、「理解啓発のための講演会」等を開催したりする機会を設けることも望まれる。また、特別支援学校に在籍する子どもについて、居住地校に副次的な籍を置く取組等も、居住地域との結び付きを強めるために有効なものの一つである。

学校運営協議会制度（コミュニティ・スクール）や学校支援地域本部など、地域と連携した学校づくりを進めるに際しても、各学校は障害のある子どもへの対応も念頭に置き、地域の理解と協力を得ながら連携して取り組んでいく必要がある。

（10）ライフステージを通じて支援がつながるために

可能な限り早期から成人に至るまでの一貫した指導・支援ができるように情報がつながっていくことが望まれる。子どもの成長記録や指導内容等に関する情報を、その扱いに留意しつつ、必要に応じて関係機関が共有し活用することが必要になる。子どもの成長記録や生活の様子、指導内容に関する情報を記録した相談支援ファイル等を個別の教育支援計画と組み合わせ、必要に応じて関係機関の間で共有していくことも有効である。関係機関が共有することにより、就学先決定、転学、就労判定等の際の資料としても活用ができる。その際、個人情報の利用について、本人・保護者の同意を得た上で、情報の取扱いに十分留意して活用していくことが大切である。

（11）こんな学校になるといいな！

インクルーシブ教育システムが充実している学校は、特別な教育的ニーズのある子どもだけでなく、全ての子どもたちにとって、
　「学び合い、支え合いがあり、毎日、笑顔で通うことができる」
　「分かりやすい授業が工夫され、学ぶ意欲が高まる」
　「一人一人が大切にされ、個々の課題をみんなで考えてくれる」
　「合理的配慮が提供され、必要なときに個別的な支援が受けられる」
　「本人や保護者が困ったときにいつでも相談ができる」
そんな学校となっていることが望まれる。

そして、インクルーシブ教育システムの体制づくりが進んでいる学校では、教職員がチームとして機能し、
　「校長のリーダーシップの下、学校の資源が一体的にマネジメントされている」
　「教職員一人一人が持てる力を発揮し、学校としてのチームが組織されている」
　「地域の多様な人材がそれぞれの専門性を活かして学校を支えている」
　「子どもの最新の情報が教職員の共有化されている」
　「支援の手立てについて迅速に対応できる話し合いがいつでもできている」
　「支援についての評価、見直しのシステムができている」
　「本人や保護者のニーズが把握され、十分な共通理解、合意形成ができている」
そんな学校となっていることが望まれる。

（笹森　洋樹）

第2章　インクルーシブ教育システム構築のための体制づくりの「Q&A」

　教育委員会や学校の関係者からの意見収集をもとに、教育現場において、よく分からないこと、もっと知りたいこと、課題になりそうなこと、今後重要になると思われることとして挙げられた内容等について、以下の8つの観点から精選、整理し、35の疑問に応える「Q&A」形式でまとめた。

1．体制づくりのビジョンに関すること
　体制づくりを進めるにあたっての学校におけるビジョンと教職員間での共通理解の重要性、特別支援教育の体制づくりとの違い、評価の必要性等についてまとめた。
　Q1-（1）ビジョンの共有化のもとで、どのように体制づくりを進めればよいですか。
　Q1-（2）インクルーシブ教育システムはこれまでの特別支援教育の体制づくりとどのような違いがありますか。
　Q1-（3）体制づくりはどのように評価すればよいですか。

2．校内の組織運営に関すること
　学校全体の組織的、計画的な推進の必要性、校内委員会や管理職と特別支援教育コーディネーターの新たな役割、支援員等の人材の活用について内容をまとめた。
　Q2-（1）校内委員会はどのような役割を担いますか。
　Q2-（2）管理職、特別支援教育コーディネーターには、どのような役割を求められますか。
　Q2-（3）支援員や教育ボランティア等のサポートを活用するにはどのような方法がありますか。

3．合理的配慮、基礎的環境整備に関すること
　決定のプロセス、評価と見直し、合意形成に留意すべきこと、また、特別支援学級や通級指導教室の機能、授業づくりや学級経営との関連、交流及び共同学習などのさらなる充実についてまとめた。
　Q3-（1）合理的配慮は、誰が、どのように決定すればよいですか。
　Q3-（2）合理的配慮の評価、見直しはどのように行えばよいですか。
　Q3-（3）本人及び保護者との合意形成を図る際に留意すべき点は何ですか。
　Q3-（4）学校における基礎的環境整備を進める際に留意すべき点は何ですか。
　Q3-（5）授業づくりや学級経営において留意すべきことは何ですか。
　Q3-（6）特別支援学級や通級指導教室はどのような役割が考えられますか。
　Q3-（7）交流及び共同学習は基礎的環境整備として示されましたが、どのように推進していけばよいですか。

4．教育の専門性に関すること
　教育の専門性の確保について、全ての教員が身に付けるべき専門性、学校全体の教育の専門性の向上、そのための研修体制のあり方についてまとめた。
　Q4-（1）全ての教員が身に付けるべき専門性は何ですか。
　Q4-（2）学校全体で教育の専門性を高めるために、どのような方法がありますか。
　Q4-（3）校内研修はどのように進めればよいですか。

5．地域資源の活用に関すること
　　学校が特別支援学校、巡回相談や専門家チームなどの地域資源や関係機関をどのように連携し活用すればよいのか、また、多様な学びの場をどう考えれば良いのかについてまとめた。
　　Q5-（1）学校が活用する地域資源、関係機関とはどのようなものがありますか。
　　Q5-（2）多様な学びの場はどのように検討すればよいですか。
　　Q5-（3）特別支援学校との交流及び共同学習をどのように推進すればよいですか。
　　Q5-（4）巡回相談や専門家チームによる支援はどのようにすれば活用できますか。また、校内でどのような活用の仕方がありますか。
　　Q5-（5）特別支援学校のセンター的機能はどのようにすれば活用できますか。また、どのような活用の仕方がありますか。
　　Q5-（6）地域の関係機関との連携はどのように図ればよいですか。

6．就学相談・就学先決定に関すること
　　就学相談の進め方、相談支援ファイルや就学支援シートの活用、合意形成の図り方、校内支援体制における準備など、就学に関することについてまとめた。
　　Q6-（1）就学前の保護者との相談はどのように進めればよいですか。
　　Q6-（2）相談支援ファイル、就学支援シート等をどのように活用すればよいですか。
　　Q6-（3）適切な就学先についての合意形成はどのように図ればよいですか。
　　Q6-（4）就学にあたり、校内ではどのような準備を進めるとよいですか。
　　Q6-（5）学びの場を柔軟に見直していくためには、どのようなことを考慮する必要がありますか。

7．早期からの一貫した支援体制に関すること
　　乳幼児期における支援、医療、福祉、保健等の早期支援の就学後の支援への活用、機関間の円滑な連携、途切れのない支援等、一貫した支援体制についてまとめた。
　　Q7-（1）乳幼児期における支援にはどのようなものがありますか。
　　Q7-（2）医療、保健、福祉等の早期支援を就学後の支援にどのように生かせばよいですか。
　　Q7-（3）就学後の機関間の連携を円滑にするためにはどのような工夫が考えられますか。
　　Q7-（4）幼児期から小・中学校、高等学校へと途切れない連携・支援を行う上で大切なことは何ですか。
　　Q7-（5）個別の教育支援計画、個別の指導計画をどのように作成し活用すればよいですか。

8．社会基盤の形成に関すること
　　家庭の理解、保護者との協働、保護者や地域住民への理解啓発、まわりの子どもたちへの障害理解の推進についてまとめた。
　　Q8-（1）家庭の理解、保護者との協働をどのように進めればよいですか。
　　Q8-（2）保護者や地域住民への理解啓発はどのように進めればよいですか。
　　Q8-（3）まわりの子どもたちへの障害理解をどのように推進すればよいですか。

1．体制づくりのビジョンに関すること

Q1-(1) ビジョンの共有化のもとで、どのように体制づくりを進めればよいですか。

A 共生社会に向け、現在の学校の支援体制がどこまで進んでいるのか、何が課題になっているのかを振り返ることから始めます。学校が目指す姿と具体的な手続きについて教員がビジョンを共有化し、計画的に検討、見直しをしながら進めます。

　ビジョンとは、将来を見据え、ある時点でどのような発展や成長を遂げていることを期待するか、その未来像や構想、展望ということです。

　そのため、管理職、特に学校長は共生社会に向け国が目指すビジョンと、そのために教育では何が求められているかを理解することが必須です。その上で、校内のインクルーシブ教育システム構築のための体制づくりのビジョンを、学校経営計画に明確に位置付けていくことが求められます。

　校内における体制づくりのビジョンは、教職員がイメージを持ちやすく、共通認識を持ちやすいよう、できるだけ具体的に挙げることが大切です。そして、ビジョンの具現化に向けて取り組むためには、現在の学校の支援体制がどのような現状にあるのか、何が課題になっているのかを振り返りをすることから始めます。

　ビジョンは学校の状況により異なることが考えられます。「どのように体制づくりを進めるか」「何から取り組み始めるか」といった方針も学校の状況によって違ってきます。

　振り返りの観点としては、「校内全体の設備状況や指導体制の推進状況」、「校内研修の実施や教員同士の支援体制」、「子どもの実態把握と個別の指導計画や教育支援計画の作成状況」、「子どもへの指導・支援をめぐる校内支援体制の状況」等があげられます。また、合理的配慮の提供には、本人や保護者との「合意形成」が必要となることから、「保護者への理解をすすめる取組」も必要になってきます。以上のような観点を基に校内の状況を把握することから始めます。

　状況の把握ができたら、学校長のリーダーシップのもと、全ての教職員が主体的に考え、取り組めるような方法や計画を検討します。また、学期や年度など時期を決めて、進捗状況の確認・評価と必要に応じた見直しをします。

　また、インクルーシブ教育システム構築においては、「共生社会の形成」「インクルーシブ教育システムの目指すもの」「合理的配慮の決定と提供」等の基礎的な知識について教職員が共通理解しておく必要があります。体制づくりの推進のためには校内研修等を活用し、教職員が情報を共有化する機会を積極的に設けることも大切です。

1．体制づくりのビジョンに関すること

1-(2)　インクルーシブ教育システムはこれまでの特別支援教育の体制づくりとどのような違いがありますか。

A　これまで取り組まれてきた特別支援教育の体制づくりに加え、「共生社会」の推進に向け「基礎的環境整備」や「合理的配慮」に取り組んでいくことが求められるようになりました。

　特別支援教育の体制整備では、幼稚園から小・中学校、高等学校において校内委員会が設置されたり、特別支援教育コーディネーターが指名されたりと学校全体で支援に取り組める仕組みが整えられてきました。また、通常の学級に在籍する教育的ニーズのある子どもの実態把握が行われ、特別支援学級に在籍したり、通級指導教室を利用したりする子どもの個別の指導計画も作成されるようになりました。こうした特別支援教育の取組を活かし、インクルーシブ教育システムにおいては、共生社会の形成に向けて、「基礎的環境整備」や「合理的配慮」に取り組んでいくことが求められるようになります。

　インクルーシブ教育システムを構築し、個々の子どもへの合理的配慮を適切に提供していくためには、必ずしも新たな組織づくりをする必要はありません。既存の組織を活用することで校内の役割や機能を高めていくことが大切です。また、人権教育、生徒指導、学校保健などの分掌の機能を組み合わせることが効果的な場合もあります。

　インクルーシブ教育システムの構築は「共生社会」の形成の理念が基にあります。「共生社会」とは、これまで必ずしも十分に社会参加できるような環境になかった障害者等が、積極的に参加・貢献していくことができる社会です。それは、誰もが相互に人格と個性を尊重し支え合い、人々の多様な在り方を相互に認め合える全員参加型の社会のことです。

　学校教育は、障害のある子どもの自立と社会参加を目指した取組を含め、「共生社会」の形成に向けて、重要な役割を担います。その意味で、共生社会の形成に向けたインクルーシブ教育システム構築のためには、特別支援教育の考え方が基本となります。子ども一人一人の教育的ニーズを把握し、適切な指導と必要な支援を行う特別支援教育を推進することが、障害のある子どもにも、障害のない子どもにとっても教育の充実を図ることになっていきます。

1．体制づくりのビジョンに関すること

 体制づくりはどのように評価すればよいですか。

A 目標の達成度と、計画・実行が円滑に進捗できたかどうかの2つについて評価をします。評価の観点を明確にし、学校として取り組みやすく誰もがわかりやすい客観性のある評価方法を工夫します。

　インクルーシブ教育システム構築のビジョンの具現化に向けて、体制づくりを望ましい方向に進めるためには、「いつまでに」「何を」「どのように」達成していくかといった、体制づくりの進捗状況を評価する観点を明確にすることが重要です。

　評価の方法には、数値目標の達成等による評価、状態の改善等の質的評価等、様々なものがあるため、学校として取り組みやすい方法を工夫します。その際、できるだけ誰もが分かりやすい客観性のある評価方法が望まれます。体制づくりの評価は学校評価の観点としても位置付け、学校運営の課題として評価を行うことが大切です。

　体制づくりの評価の観点には以下のようなものが考えられます。
・教職員の共通理解にもとづく校内支援体制
・校内委員会の機能（実態把握、指導計画・実践、評価・見直し 等）
・本人や保護者との合意形成
・個別の指導計画、個別の教育支援計画の作成と活用
・合理的配慮、基礎的環境整備の評価・見直し
・指導体制の工夫（複数教員による指導、個別的な指導の場の確保 等）
・施設・設備や教材の整備
・支援員や教育ボランティア等の人材活用
・専門家チームによる巡回相談や特別支援学校のセンター的機能の活用
・専門性のある教員の人的配置や全ての教職員の研修等による指導力の向上 等

　体制づくりは、管理職や特別支援教育コーディネーターを中心に学校全体で組織的、計画的に取り組みます。組織による共同作業を限られた時間で効果的に効率よく実施していくためには、PDCAサイクル（※用語解説）のようなシステム化された仕組みを活用することが、情報の共有化や共通理解に有効です。PDCAサイクルにおいては、Check（評価）において見るべき視点、評価すべきポイントが絞られ、定まっていないと、次のAction（改善）策が見えてきません。Plan（計画）において、評価に関する具体的な指標を関係者間で共通理解しておくことで、Plan（計画）→Do（実行）の過程も円滑に進めていくことができます。

　目標には達成できたかどうかの評価は不可欠であり、評価には目標達成に関する評価と、そのための計画・実行が円滑に進捗できたかどうかの評価の2つの観点があります。

＜用語解説＞

【PDCA サイクル】
　もともとは企業の事業活動における生産管理や品質管理などの管理業務を円滑に進めるための手法の一つです。Plan（計画）→ Do（実行）→ Check（評価）→ Action（改善）という４つの過程で進められます。
　PDCAサイクルは、一巡の過程で終わるわけではなく、Action（改善）から再びPlan（計画）→ Do（実行）→ Check（評価）に戻り、Action（改善）し、また次のPlan（計画）というようにサイクルにより改善を繰り返すことで、スパイラルアップしていくことが目的です。

（伊藤　由美、小澤　至賢、村井　敬太郎、笹森　洋樹）

2．校内の組織運営に関すること

Q2-(1) 校内委員会はどのような役割を担いますか。

A 本人及び保護者の合意形成の下で合理的配慮を決定し、評価し、評価結果にもとづく見直しを随時行う役割を担います。

　多くの学校では、特別支援教育コーディネーター等が中心となって校内委員会で次に示すような役割がとられています。
　・支援が必要な子どもの存在に気づく
　・実態把握、担任の指導への支援方策を具体化する
　・個別の教育支援計画を作成する
　・個別の指導計画を作成する
　・全教職員の共通理解と校内研修を行う
　・専門家チームなどの外部の活用を検討する
　・保護者からの相談窓口、理解推進
　インクルーシブ教育システム構築を推進するためには、これらの役割を校内委員会が担い、校内で機能させていくことが大切です。
　また、具体的な子どもの合理的配慮を決める際、校内委員会は、ねらいの達成に向けて関係する教職員の活動を調整する役割を担います。校内委員会で合理的配慮について検討する場合は、子どもにかかわる関係者が集まり、担当する教職員等は具体的な指導のイメージを持ちながら進めていきます。合意形成を図る際は、実際の指導の結果を評価する際のプロセスに本人や保護者がかかわり、経過を共有しながら、話し合っていくことが重要です。
　そして、指導や支援を行った後に、その結果を持ち寄り、現在取り組んでいる合理的配慮を継続していくのか、変更が必要なのかを検討し、教育的ニーズに合わせた決定をすることが大切です。
　一度決めた合理的配慮であっても、子どもの状態や環境の変化に本人や保護者、教職員が気づいた時には、校内委員会を開き、見直していくことも必要です。
　合理的配慮は、個別の教育支援計画、個別の指導計画に反映させ、その評価を活用して次の決定につなげていくことが重要です。また、一人の子どもへの合理的配慮を検討する中で、他にも支援が必要な子どもがいる場合には、学級全体への支援を考えて基礎的環境整備に結びつけていくことも重要です。

2．校内の組織運営に関すること

Q2-(2) 管理職、特別支援教育コーディネーターにはどのような役割が求められますか。

A 教職員が最大限の力を発揮できるよう、校内の体制整備や校外の関係機関との連携を調整する役割が期待されています。

　特別支援教育の推進とともに、発達障害などの障害の状態や支援の必要性についての理解が広がっていますが、「特定の子どものことだけを特別扱いすることは本人のためにならない」、「生徒指導としての対応に時間がかかり特別支援教育に時間をとることが難しい」等という声をきくこともあります。

　インクルーシブ教育システム構築を進めるため、管理職は学校全体のマネジメントの役割を担います。校長のリーダーシップの下、校内の相談支援体制を整備する等、校内の体制全体を調整する役割を担っています。

　具体的には、学校の教育目標の作成や学校評価を作成して、マネジメントの改善に取り組むことが求められます。また、校外の関係機関との連携は、管理職が行う方がスムーズな場合もあります。

　特別支援教育コーディネーターは、本人や保護者、教職員からの「どのような支援が必要か」「こんなことを知りたい」という声に応えたり、校内外の組織や関係機関と連携する仕組みを築いたり、運用したりするマネジメントの役割がさらに期待されます。子どもの課題によっては管理職と連携して取り組むこともあります。

　特別支援教育コーディネーターが役割を果たしやすくなるための工夫として、例えば、特別支援学級担任と通常の学級の担任から1名ずつ指名する、各学年の通常の学級の担任から1名ずつ指名する等、複数配置をする方法もあります。身近に特別支援教育コーディネーターがいることで担任や保護者が相談しやすく、管理職は学級や子どもの状態を把握しやすいという効果があります。

　また、特別支援教育コーディネーターが相談の窓口になっていることを知らない保護者等もいることから、学級便りや学年便り、学校便り等を通じて周知する等の取組も大切です。

2．校内の組織運営に関すること

Q2-(3) 支援員や教育ボランティア等のサポートを活用するにはどのような方法がありますか。

A 子どもの学習や生活の充実を第一に、様々なスタッフを効果的に活用する仕組みを考えます。

　インクルーシブ教育システムを構築するためには、教員だけでなく、支援員や教育ボランティア等の外部からのサポートを活用することも有効です。支援員や教育ボランティア等の外部からのサポートをどのように活用するか、子どもの学習や生活の充実に結びつけてその仕組みを考えることが重要です。

　大切なのは子どもの学習や生活を充実させることであり、この目的を達成するための様々な仕組みを考えることです。

　支援員や教育ボランティア等に担当してもらう役割を検討する場合は、本人や保護者はもちろんのこと、管理職、特別支援教育コーディネーター、特別支援学級や通級による指導の担当者等とよく話し合い、子どもの教育的ニーズを共通理解した上で進めていくことが必要です。そして、事前に十分に打ち合わせを行い、それぞれの役割分担をはっきりさせることが大切になります。

　学級内で子どもに合理的配慮を提供する場合、学級内での個別的な対応が必要な時は、支援員や教育ボランティア等に子どもの指導補助をお願いし、子どもにとって十分な学びが得られるように工夫していきます。

　また、支援員や教育ボランティア等に支援の内容や結果について記録してもらったり気づいたことを話してもらったりすることで、子どものちょっとした変化や指導のヒントになることが見つけられることもあります。

　一人の子どもに特化した支援であっても、他の子どもたちへよい影響のあるものであれば、基礎的環境整備として学級全体や学年、学校全体で取り組んでいくことも大切です。

　支援員や教育ボランティア等が学校スタッフの一員として教育活動を担っていると感じることができるとようになることが望まれます。支援員や教育ボランティア等も含めた様々な支援者の存在は、子どもの人間関係づくりや学級づくりにつながっていることから、個への支援だけでなく、まわりの子どもたちにもよい影響を与えるよう活用の方法を工夫する必要があります。

（伊藤 由美、小澤 至賢、村井 敬太郎、笹森 洋樹）

3．合理的配慮、基礎的環境整備に関すること

Q3-(1) 合理的配慮は、誰が、どのように決定すればよいですか。

A 合理的配慮は、各学校の設置者及び学校が本人及び保護者と可能な限り合意形成を図った上で、一人一人の障害の状態や教育的ニーズ等に応じて決定します。

　インクルーシブ教育システム構築に向けて理解しておく必要があることとして、「合理的配慮」が挙げられます。合理的配慮は、障害のある子ども本人及び保護者からの申し出が（意思の表明）あった場合、一人一人の障害の状態や教育的ニーズ等に応じて検討・決定されます。教員の見立てがきっかけになる場合もあります。

　その検討の前提として、各学校の設置者及び学校は、学習上又は生活上の困難、健康状態、興味・関心等の当該の子どもの状態把握を行っておく必要があります。このことを踏まえて、設置者及び学校と本人及び保護者により、個別の教育支援計画を作成する中で、発達の段階を考慮しつつ、合理的配慮の観点を踏まえ、合理的配慮の具体的内容について可能な限り合意形成を図った上で決定し、提供される必要があります。そして、その内容を個別の教育支援計画に明記することが重要です。さらには、個別の指導計画にも活用されることが望まれます。

　また、合理的配慮の決定にあたっては、各学校の設置者及び学校が体制面、財政面をも勘案し、「均衡を失した」又は「過度の」負担について、個別に判断することとなります。その際、現在必要とされている合理的配慮は何か、何を優先して提供する必要があるかなどについて、関係者間の共通理解を図る必要があります。（図1、表1）

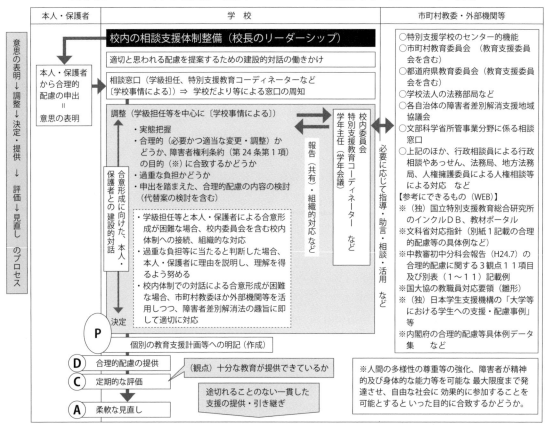

図1　合理的配慮の決定について（文部科学省行政説明資料,2016)

表1　学校における合理的配慮の3観点11項目
（中央教育審議会初等中等教育分科会,2012）

3．合理的配慮、基礎的環境整備に関すること

Q3-(2) 合理的配慮の評価、見直しはどのように行えばよいですか。

A 合理的配慮は、その提供によって「障害のある子ども一人一人が十分な教育を受けられているか」という観点から評価します。また、合理的配慮は、決定後も、子ども一人一人の発達の程度、適応の状況等を勘案しながら柔軟に見直します。

　合理的配慮の具体的内容は、個別の状況に応じて判断・決定されるものであり、定期的に評価し、必要に応じて適時見直しを行います。そのため、各学校では、合理的配慮が、決定後も、子ども一人一人の発達の程度、適応の状況等を勘案しながら柔軟に見直しができることを共通理解することが必要です。

　合理的配慮は、インクルーシブ教育システムの理念に照らし、「障害のある子ども一人一人が十分な教育を受けられるために提供できているか」という観点から評価することが重要です。例えば、各学校において、合理的配慮の具体的内容が記載された個別の教育支援計画や個別の指導計画に基づいて取り組んだ結果を評価し、その内容を定期的に見直すなど、PDCAサイクルを確立させていくことが重要です。

　また、進学等の移行時における情報の引き継ぎを行い、途切れることのない支援を提供することが必要です。今後は、個別の教育支援計画の引き継ぎ、学校間や関係機関も含めた情報交換等により、個別に合理的配慮の引き継ぎも行う必要があります。

　校長は、このような合理的配慮の評価・見直し・引き継ぎ等の一連の過程において、特別支援教育コーディネーターが重要な役割を担うことに十分留意し、組織的に機能するよう努めることが重要です。

　子どもの実態の変容を確認しながら、配慮の内容の変更や調整を柔軟に行うためには、例えば、校内委員会等の合理的配慮について検討する校内組織において、特別支援教育コーディネーターが中心となって定期的にケース会議を実施する等の工夫が考えられます。そのような会議で検討し、実際に提供した合理的配慮を一覧表にまとめ、それを個別の指導計画に挟み込み、定期的に評価・見直しを行っている学校もあります。

3．合理的配慮、基礎的環境整備に関すること

3-(3) 　本人及び保護者との合意形成を図る際に留意すべき点は何ですか。

A 　学校が本人及び保護者に対し十分情報提供すること、本人・保護者の意見を最大限尊重することなどが挙げられます。

　障害のある子どもの教育においては、それぞれの子どもが、授業内容がわかり学習活動に参加している実感・達成感を持ちながら、充実した時間を過ごしつつ、生きる力を身に付けていけるかどうか、これが最も本質的な視点となります。その上で、学校が、本人及び保護者に対し十分情報提供をしつつ、本人及び保護者の意見を最大限尊重し、本人及び保護者と学校等が教育的ニーズと合理的配慮について合意形成を図ることが原則です。

　合理的配慮は、基礎的環境整備を基に個別に決定されるものであり、それぞれの学校における基礎的環境整備の状況により、提供される合理的配慮も異なることも考えられます。そのため、各地域や学校における基礎的環境整備についての具体的な情報提供（例えば、その時点で学校ができる選択肢を挙げる等）が必要です。（図2）

　各学校は、本人及び保護者から相談を受けた学級担任や特別支援教育コーディネーター等と本人及び保護者との対話による合意形成が困難である場合には、校内委員会を含む校内体制への接続が確実に行われるようにし、校長のリーダーシップの下、合意形成に向けた検討を組織的に行うことが必要です。それでもなお合意形成が難しい場合には、市町村教育委員会に設置される「教育支援委員会」（仮称）（※用語解説）の助言等により、その解決を図ることが望まれます。

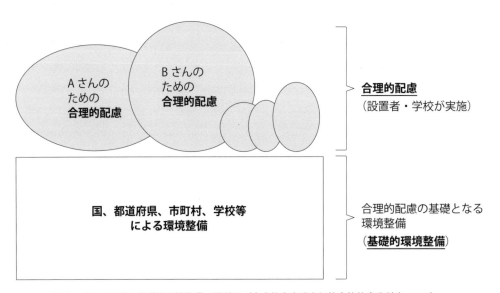

図2　合理的配慮と基礎的環境整備の関係図（中央教育審議会初等中等教育分科会,2012）

3．合理的配慮、基礎的環境整備に関すること

3-(4) 学校における基礎的環境整備を進める際に留意すべき点は何ですか。

A 基礎的環境整備の8つの項目と既存の設備や指導体制等を照らし合わせて、今ある環境の中でできることを考えながら、子どもの学びやすい環境を整えていきます。

　障害のある子どもに対する支援については、法令に基づき又は財政措置により、国は全国規模で、都道府県は各都道府県内で、市町村は各市町村内で、教育環境の整備をそれぞれ行うことになります。これらは、「合理的配慮」の基礎となる環境整備であるので、それを「基礎的環境整備」と呼んでいます。
　学校で基礎的環境整備を進めるためには、子ども一人一人の障害の状態や教育的ニーズ等に応じた、学びやすい環境を整えていくことが大切です。その際、ポイントとなるのが、以下に示した基礎的環境整備の8つの項目です（表2）。各学校では、この8項目と既存の設備や指導体制、教材等とを照らし合わせて、今ある環境の中でできることを考えながら基礎的環境整備を進めていくことが重要となります。また、ユニバーサルデザインの考え方も考慮しつつ進めていくことが重要となります。

表2　基礎的環境整備の8項目（中央教育審議会初等中等教育分科会,2012）

①ネットワークの形成・連続性のある多様な学びの場の活用
②専門性のある指導体制の確保
③個別の教育支援計画や個別の指導計画の作成等による指導
④教材の確保
⑤施設・設備の整備
⑥専門性のある教員、支援員等の人的配置
⑦個に応じた指導や学びの場の設定等による特別な指導
⑧交流及び共同学習の推進

　例えば、対象となる子どもの障害の状態から、学校内での移動に関して配慮が必要となる場合、エレベーターの設置が財政面等により難しいとしても、既存の環境で子どもの十分な学びのために何ができるのかを考えます。上下階の移動を伴わない教室使用の工夫や、介助者等の人の援助体制の工夫などが考えられます。
　また、特別支援教育を専門分野とし、特別支援教育士や学校心理士等の資格をもつ者を合理的配慮協力員として配置している学校や、教室における視覚支援の工夫や分かりやすい話し方といった配慮などを進めている学校があります。

3．合理的配慮、基礎的環境整備に関すること

 3-(5) 授業づくりや学級経営において留意すべきことは何ですか。

A 障害の有無にかかわらず、一人一人学び方は異なっており、子どもを教師の教え方にあわせるのではなく、子どもの学び方に教師の教え方を合わせるという発想の転換が必要です。ユニバーサルデザインの授業づくりや学級づくりは、障害のある子どもの合理的配慮の実施を円滑にし、下支えする基礎的環境整備としても機能します。

通常の学級では、在籍する発達障害のある子どもの他、「交流及び共同学習」として他の障害のある子どもが過ごしたり、学んだりすることもあります。また、障害のある子ども以外にも様々な教育的ニーズのある子どもが学んでいます。インクルーシブ教育システム構築においては、通常の学級でも一人一人の個別的な教育的ニーズに応じた教育を行うとともに、こうした子どもたちを含む学級の「全ての子どもたち」にとって分かりやすく学びやすい、ユニバーサルデザイン（※用語解説）の授業づくりや学び合い、支え合う学級づくりが重要です。このことは、個々の障害のある子どもの合理的配慮の実施を円滑にし、下支えする基礎的環境整備としても機能します。

例えば、学びのユニバーサルデザイン（※用語解説）のガイドライン（CAST、2009；2014）では、障害の有無にかかわらず一人一人学び方が違っているという前提にまず立つことが重要であり、ユニバーサルデザインというのは、みんなにとっての最適な「1つ」の解決方法を見つけることではなく、認知特性や学び方が様々に異なる多様な学習者のニーズを満たすために、「複数のアプローチ」の選択肢が用意されていることであると述べられています。

子どもたちの学び方は、言葉で説明した方が分かる子ども、図や絵と一緒に説明してもらった方が分かる子ども、全体像をぱっと示してもらった方が分かる子ども、順番を追って説明された方が分かる子ども等、一人一人違っています。これを参考に、国立特別支援教育総合研究所（2010；2012）では「学級サポートプラン」を作成し、「あ・つ・み（あわせる、つたえる、みとめる）」の頭文字を合い言葉にした通常の学級での分かりやすい授業づくりを提案しています。子どもを教師の教え方に合わせるのではなく、子どもの学び方に教師の教え方を合わせるという発想の転換が必要です。

また、このように子ども一人一人の多様性を認め合う雰囲気が学級に醸成されると、障害のある子どもの障害特性や特別な支援への理解が進みやすくなります。まわりの子どもたちへの障害理解の推進については、Q8-（3）をご参照ください。

3．合理的配慮、基礎的環境整備に関すること

3-(6)　特別支援学級や通級による指導にはどのような役割が考えられますか。

A　合理的配慮や基礎的環境整備の充実のために、特別支援学級を弾力的に運用したり、通級による指導を活用したりすることで個に応じた指導を充実させ、校内の特別支援教育を一層推進していくことが重要です。また、地域における特別支援教育のセンターとしての役割（機能）をもつことも考えられます。

　障害のある子どもの実態に応じた適切な指導と必要な支援を受けられるようにするためには、本人及び保護者の理解を得ながら、必ずしも小・中学校の通常の学級で全ての教育を行うのではなく、特別支援学級や通級による指導など多様な学びの場を活用した指導を柔軟に行うことも必要であると考えられます。例えば、特別支援学級の担当教員が空き時間や放課後を利用して通常の学級の子どもに個別指導を行う等、弾力的に運用することで個に応じた指導を充実させ、校内の特別支援教育を一層推進していくことが重要です。

　また、小・中学校の特別支援学級や通級による指導の担当教員は、校内における特別支援教育の中心的な役割を果たすとともに、地域における特別支援教育の重要な担い手として期待されています。地域における特別支援教育のセンター的機能の発揮が期待されている特別支援学校は、必ずしも各地域にバランス良く設置されているわけではありません。そのため、インクルーシブ教育システム構築においては、各市町村の小・中学校に設置されている特別支援学級等をその地域における特別支援教育のセンターとして、特別支援学校のセンター的機能に類する役割（機能）をもたせることも考えられます。

　今後、特別支援学級や通級による指導の担当教員には、管理職や特別支援教育コーディネーターと連携しながら（あるいは特別支援教育コーディネーターとして）、地域の障害のある子どもへの指導・支援を充実させるために、関係機関とのネットワークの中で専門性を発揮する役割も期待されます。

　例えば、小・中学校の特別支援学級や通級による指導の担当教員を巡回相談員として機能させ、その専門性を各地域で効果的に活用するシステムを構築するなどの工夫が考えられます。また、特別支援学級や通級による指導の担当教員が、他校の保護者の相談にも対応するなど教育相談機能を充実させている地域もあります。

3．合理的配慮、基礎的環境整備に関すること

3-(7) 交流及び共同学習は基礎的環境整備として示されましたが、どのように推進していけばよいですか。

A 交流及び共同学習は、各学校においてねらいを明確にし、教育課程に位置付け、年間指導計画を作成し、計画的・組織的に推進する必要があります。

　交流及び共同学習は基礎的環境整備としても示されています。学習指導要領にも位置付けられ、その推進を図ることとしており、各地で様々な取組がなされています。特別支援学校と幼・小・中・高等学校等との間、また、特別支援学級と通常の学級との間でそれぞれ行われる交流及び共同学習は、障害のない子どもが障害のある子どもや特別支援教育に対する正しい理解と認識を深める絶好の機会であり、同じ社会に生きる人間として、お互いを正しく理解し、共に助け合い、支え合って生きていくことの大切さを学ぶ場です。特別支援学校や特別支援学級に在籍する障害のある子どもにとっても、障害のない子どもにとっても、共生社会の形成に向けて、経験を広め、社会性を養い、豊かな人間性を育てる上で、大きな意義を有するとともに、多様性を尊重する心を育むことができます。

　特別支援学校と幼・小・中・高等学校等との間で行われる交流及び共同学習については、双方の学校における教育課程に位置付けたり、年間指導計画や個別の指導計画を作成したりする等、交流及び共同学習の更なる計画的・組織的な推進が必要です。その際、関係する都道府県教育委員会、市町村教育委員会等との連携が重要です。また、特別支援学級と通常の学級との間で行われる交流及び共同学習についても、各学校において、ねらいを明確にし、教育課程に位置付け、年間指導計画を作成し、計画的・組織的・継続的に推進することが必要です。

　特別支援学校における、居住地校との交流及び共同学習は、障害のある子どもが、居住地の小・中学校等の子どもとともに学習し交流することで、地域とのつながりをもつことができることから、引き続き進めていくことが必要です。

　このように交流及び共同学習を推進するためには、例えば、居住地校交流における副次的な籍の取扱い、居住地校交流に担任が付き添う際の教職員の補充やボランティアの育成・活用等の工夫が考えられます。また、交流及び共同学習における合理的配慮の提供、交流校の理解啓発、異なる教科書等を用いている場合の調整等の工夫を行っている学校があります。

＜用語解説＞

【教育支援委員会（仮称）】
　中教審報告で示された、これまでの「就学指導委員会」に代わり、早期からの教育相談・支援や就学先決定時のみならず、その後の一貫した支援についても助言を担う機関のことです。本人・保護者と学校等との合意形成を図る際、市町村教育委員会への指導・助言を行う役割も担います。

【ユニバーサルデザイン】
　障害者の権利に関する条約の第2条に、ユニバーサルデザインは、調整又は特別な設計を必要とすることなく、最大限可能な範囲で全ての人が使用することができる製品、環境、計画及びサービスの設計をいうと示されています。学校教育の中でも、障害のあるなしにかかわらず全ての子どもたちにとってわかりやすい授業づくりとして、授業のユニバーサルデザイン化の考え方は大切です。

【学びのユニバーサルデザイン】
　米国のCAST（Center for Applied Special Technology）が提案している「学びのユニバーサルデザイン（UDL）」では、教師が学習者に対し、①情報や知識を得て理解するための多様な提示方法、②子どもが理解したことを表現するための多様な表現方法、③学習への興味ややる気を持続して課題に取り組むための多様な参加の方法の3原則を挙げ、学習者のニーズに応じた多様なアプローチを用意することの重要性を提案しています。

　　　　　　　　　　　　　　　　　　　　　（森山 貴史、藤本 裕人、松見 和樹、涌井　恵）

4．教育の専門性に関すること

Q4-(1) 全ての教員が身に付けるべき専門性は何ですか。

A これまで大切にしてきた「集団形成（学級づくり）」、「学習指導（授業づくり）」、「生徒指導」に加え、「特別支援教育に関する知識・技能の活用」、「教職員及び関係者の連携・協働」、「共生社会の形成に関する意識」の3点も重要です。

　全ての教員に求められる専門性として、「集団形成（学級づくり）」、「学習指導（授業づくり）」、「生徒指導」が挙げられます。これらは多様な子どもたちの学びを支える柱となります。また、インクルーシブ教育システム構築のためには、従来より大切にされてきたこれら3つに加えて、「特別支援教育に関する知識・技能の活用」、「教職員及び関係者の連携・協働」、「共生社会の形成に関する意識」の3点も重要とされています（国立特別支援教育総合研究所，2014）。以下、この3点についての内容を説明します。

　①特別支援教育に関する知識・技能の活用
　インクルーシブ教育システム構築のために、全ての教員は、特別支援教育に関する一定の知識・技能を有していることが求められています。特に、発達障害に関する一定の知識・技能は、発達障害の可能性のある子どもの多くが通常の学級に在籍していることから必須であるとされています。これについては、教員養成段階で身に付けることが適当とされていますが、現職教員については、研修の受講等により知識・技能の向上をさらに図っていくことが大切です。
　②教職員及び関係者の連携・協働
　インクルーシブ教育システム構築のために、教職員及び関係機関と適切な連携を行うことが重要です。個人が身に付けた知識や技能を、担当学級の学級づくりや授業づくりに生かすだけではなく、校内外の関係者が連携・協働してより充実した指導・支援を行うことが重要です。したがって、インクルーシブ教育システム構築のためには、人とつながることを意識し、他者と協力して取り組む能力を身に付けることが求められます。
　③共生社会の形成に関する意識
　インクルーシブ教育システム構築のために、教員のみならず、全ての人が共生社会の形成について意識をもつことが求められます。中でも学校では、障害のある子どもや複雑な家庭環境にある子ども等が、通常の学級、通級による指導、特別支援学級や特別支援学校といった多様な学びの場を活用して、共に学んでいます。教員として、子どもたち一人一人の人格と個性を尊重し、多様性を認めていくことを意識することが重要です。

　インクルーシブ教育システムの構築に向けて、全ての教員が、以上のような専門性を身に付けることは、障害のある子どもの教育だけでなく、学校全体の教育の資質の向上につながっていきます。

4．教育の専門性に関すること

Q4-(2) 学校全体で教育の専門性を高めるために、どのような方法がありますか。

A 校内研修、教育委員会主催の研修会はもとより、特別支援学校のセンター的機能の活用、巡回相談の活用、校内委員会等、様々な場を研修の機会として捉えて、インクルーシブ教育システム構築に向けて必要な能力を身に付けていくことが重要です。

　インクルーシブ教育システムの構築にあたっては、教育の専門性、つまり、個々の教員の専門性だけではなく、学校組織として専門性を向上させることが大切です。具体的には、インクルーシブ教育システム構築のために、全ての教員は特別支援教育に関する一定の知識・技能を有することが求められます。特別支援教育を推進することで、学校組織として専門性を向上させることにつながっていきます。しかし、全ての教員が多岐にわたる専門性を身に付けることは困難なことから、必要に応じて外部人材の活用も含めて、学校全体で教育の専門性を確保することが必要です。

　学校全体で教員の専門性を高める方法として、研修があります。研修の代表的な例として、校内研修、教育委員会主催の研修会等のように、講義や演習形式によって知識や技能を獲得することを目的にしたものがあります。校内研修については、Q4-(3)で詳しく説明します。これら以外にも、特別支援学校のセンター的機能の活用、巡回相談の活用、校内委員会等も研修の場と捉えることができます。例えば、専門家等を交えて、教育的ニーズのある子どもの示す気がかりな行動についての相談を行う場合等、子どもの行動の問題解決に向けて、どのように進めていけばよいかを関係者で共通理解しながら協議していきますが、これも教員の専門性を高める良い機会と捉えることができます。

　子どもの指導・支援に関わるあらゆる場を、一人一人の教員の専門性向上の機会と捉えていく姿勢が大切です。そして、学校組織の一員としての自覚を持ち、Q4-(1)に示す特別支援教育に関する必要な知識・技能や、他者と協力して取り組む能力を身に付け、共生社会の形成に向けての意識を高めていくことが求められます。

　例えば、以下のような取組が考えられます。

　校内研修では、教員の授業力の向上を目的として模擬授業を取り入れている学校があります。この研修会では、教員を生徒役に見立てて模擬授業を行い、模擬授業後に、例えば、明確な指示や視覚的手がかり等の特別支援教育の視点を基に、授業のコメントを行っていきます。特別支援学校教員等による専門家を活用し、教育的ニーズのある児童の指導目標や具体的な指導・支援方法を、複数の関係者で検討した後、指導・支援を実施し、定期的に指導・支援の評価まで行っていきます。また、指導・支援で得られた成果を校内委員会などで示し、学校全体の専門性向上に役立てていきます。

　教育委員会や大学と連携して、インクルーシブ教育の視点を盛り込んだ研修を企画実施していきます。

4．教育の専門性に関すること

Q 4-(3) 校内研修はどのように進めればよいですか。

A 教員の専門性を高める校内研修を行うためには、①教育課題と研修ニーズの把握、②研修計画の立案、③研修の実施、④研修の評価の流れに沿って進めることが重要です。

　学校全体で教育の専門性を高める研修の1つとして、校内研修があります。校内研修は、学校の教育課題と教員の研修のニーズなどを基に企画されます。インクルーシブ教育システムを推進するにあたり、各校では、インクルーシブ教育システムの理解と啓発を目的とした研修の企画に取り組むこと等が大切です。以下では、その流れを説明します。

　①教育課題と研修ニーズの把握：インクルーシブ教育システムは、学校の教育活動の全体に関連するため、各教科等の指導、生徒指導・教育相談、学級経営等、既存の研修に、その視点を取り入れることが考えられます（「課題把握のチェックリスト」（国立特別支援教育総合研究所（2014）を参照）。

　②研修計画の立案：『インクルーシブ教育システムの構築に向けた研修ガイド』（国立特別支援教育総合研究所，2014）では、全ての教員に求められる研修内容（以下、カギ括弧内）と研修項目（以下、括弧内）として、「多様な子どもたちの学びを支える教育の柱」（学級づくり、授業づくり、生徒指導）、「教育の柱を支えるための必要な資質・能力」（校内外の連携・協働、環境整備、子ども理解）、「インクルーシブ教育システム構築に必要な力」（多様な学びの場における教育課程の編成と学習指導要領、インクルーシブ教育システム構築のための特別支援教育、共生社会の形成に向けたインクルーシブ教育システム）を挙げています。研修計画立案の際、これらの項目ごとの企画だけでなく、複数の項目を組合せ、既存の研修にインクルーシブ教育システムの視点を盛り込む等の工夫が必要です。

　③研修の実施：教育活動のあらゆる場面を通じて行うことができます。研修の場としては、校内の全職員対象の研修だけでなく、学年会、教科会、生徒指導等の各分掌の会議も研修機会として活用します。研修の形態として、協議形式、講義形式、演習形式が考えられます。インクルーシブ教育システムに関する研修は、障害のある子どもの教育の観点から研修を行う場合は特別支援教育コーディネーター、生徒指導や教育相談を観点に行う場合は生徒指導主事や教育相談担当というように専門性のある教員と連携をとる必要があります。校内研修を積極的に推進するために、管理職の理解とリーダーシップが重要です。

　④研修の評価：研修実施後は、研修の評価が必要です。評価の目的は、実施した研修を振り返り、次のステップにつなげることです。評価では、「企画した研修内容は受講者や学校のニーズに合っていたか」、「研修内容が受講者の学級や学校経営に反映されているか」などの視点から行います。これらの評価は、次回の研修企画や実施のために必要です。

　校内研修の例として、以下に示す本研究所のwebサイトのオンライン研修があります。
・本研究所のコンテンツ「インターネットによる講義配信」（特別支援教育全般を対象）
　（http://www.nise.go.jp/cms/9,0,20.html）
・発達障害教育情報センターのコンテンツ「研修講義」（発達障害を対象）
　（http://icedd.nise.go.jp/index.php?action=pages_view_main&page_id=18）

（岡本 邦広、澤田 真弓、牧野 泰美）

5．地域資源の活用に関すること

5-(1) 学校が活用する地域資源、関係機関とはどのようなものがありますか。

A 特別支援学校のセンター的機能や、相談機関や医療機関等の外部の関係機関、スクールカウンセラー、スクールソーシャルワーカー、言語聴覚士、作業療法士、理学療法士等の専門家の活用等があります。

　多様な子どもの教育的ニーズに的確に応えていくためには、教員だけでは限界があります。特別な支援が必要な子どもへの支援においては、在学している子ども一人一人の教育的ニーズに応えるために、学級や学校のみで指導や支援が実施・完結するものではなく、各学校が地域資源の積極的な活用によって、充実化を図ることが望まれます。こうした域内の教育資源の組み合わせ（スクールクラスター）（※用語解説）を十分把握したうえで、子どもの教育的ニーズに対し積極的に活用することが望まれます。

　各市町村の小・中学校に設置されている特別支援学級等をその市町村における特別支援教育のセンターとして、必要に応じて特別支援学校のセンター的機能に類する役割を持たせることも考えられます。

　相談機関や医療機関などの外部の関係機関、スクールカウンセラー（SC）、スクールソーシャルワーカー（SSW）（※用語解説）、言語聴覚士（ST）、作業療法士（OT）、理学療法士（PT）等の専門家の活用も考えられます。また、医療的ケアの観点から看護師等の専門家についても、子どもの実態に応じて確保する必要があります。

障害児の地域支援体制の整備の方向性のイメージ

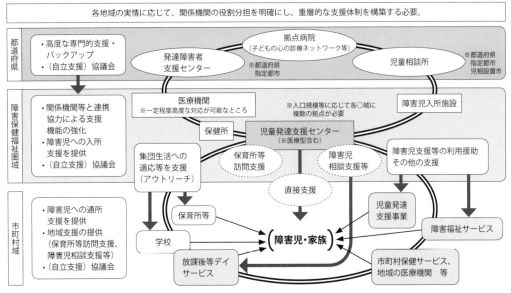

図3　障害児の地域支援体制の整備の方向性のイメージ（「障害児支援のあり方に関する検討会報告書」,2014）

5. 地域資源の活用に関すること

Q5-(2) 多様な学びの場はどのように検討すればよいですか。

A 校内委員会等において定期的にケース会議を実施したり、外部の関係者による検討会議を開催したりする等により、子どもの実態の変容と個別の教育支援計画等の見直しや適切な学びの場の変更等について検討します。

　多様な学びの場とは、基本的な方向性としては、同じ場で共に学ぶことを追求するとともに、個別の教育的ニーズに最も的確に応える指導を提供できる、多様で柔軟な仕組みと捉えることができます。具体的には、通常の学級、通級による指導、特別支援学級、特別支援学校がこれにあてはまりますが、それぞれの場において環境整備の充実を図るとともに、学びの場には連続性があることが求められます（図4）。

　学校教育法施行令の一部改正により、障害のある子どもの就学先決定の仕組みについては、その障害の状態等を踏まえた総合的な観点から就学先を決定する仕組みとなりました。また、就学先決定後も柔軟に学びの場を見直していく必要があることも示されました（P54 図5）。就学先決定時の学びの場は固定化されたものではなく、子どもの発達の程度、適応の状況、学校の環境等を勘案しながら、その時点で個別の教育的ニーズに最も的確に応える指導を提供できる学びの場について検討することになります。

　学校においては、個別の教育的ニーズに応じて十分な教育が受けられるように、合理的配慮や基礎的な環境整備が提供できているかについて、評価、見直しを行います。教育的ニーズは子どもの実態の変容により変わりうるものですから、子どもの実態の変容を確認しながら、合理的配慮等の変更や調整を柔軟に行います。校内委員会等において定期的にケース会議を実施したり、教育相談や個別の教育支援計画に基づく外部の関係者による検討会議を開催したりする等により、子どもの実態の変容と個別の教育支援計画等の見直しや適切な学びの場の変更等について検討します。

　通常の学級、通級による指導、特別支援学級、特別支援学校が、連続性のある多様な学びの場となり、柔軟に学びの場を見直していくためには、教育課程の編成や学習内容についての連続性も求められてきます。通常の学級に在籍する子どもも含めた個別の教育支援計画、個別の指導計画の活用や、交流及び共同学習を教育課程上に明確に位置付ける等の取組が重要になります。

　多様な学びの場については、例えば、基礎的な環境整備として、通級による指導を利用したり、特別支援学級の弾力的運用により個別指導を行ったりする等、個に応じた指導や学びの場の設定等による特別な指導を行う場合があります。また、特別支援学校と小・中学校における交流及び共同学習において、複数の学びの場を効果的に活用し、教育的ニーズに応じた指導を行うことも考えられます。この場合、特別支援学校と小・中学校では、学校の設置義務者が異なりますので、地域において、都道府県教育委員会と市町村教育委員会との連携がとれる体制をつくっておく必要があります。

日本の義務教育段階の多様な学びの場の連続性

同じ場で共に学ぶことを追求するとともに、個別の教育的ニーズのある児童生徒に対して、その時点で教育的ニーズに最も的確に応える指導を提供できる、多様で柔軟な仕組みを整備することが重要である。小・中学校における通常の学級、通級による指導、特別支援学級、特別支援学校といった、連続性のある「多様な学びの場」を用意しておくことが必要。

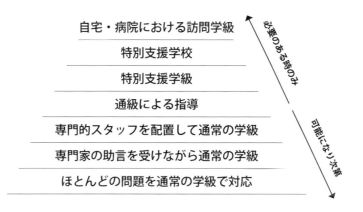

図4　日本の義務教育段階の多様な学びの場の連続性

5．地域資源の活用に関すること

Q5-(3) 特別支援学校との交流及び共同学習をどのように推進すればよいですか。

A 学級、学校の子どもや教員、保護者への交流する子どもの理解啓発を行うこと、学校経営方針等の位置付けを明確にすること、事前に学級において障害特性や子どもの個性についての理解を進めること、子どもの副次的な籍の取り扱いを工夫すること、等の取組を進めます。

　障害のある子どもが地域社会の中で積極的に活動し、その一員として豊かに生きるために、障害のない子どもとの交流及び共同学習は相互理解を図る上で重要です。

　交流及び共同学習は、障害のある子どもにとっても、障害のない子どもにとっても、共生社会の形成に向けて、経験を広め、社会性を養い、豊かな人間性を育てる上で、大きな意義を有するとともに、多様性を尊重する心を育むことができる機会でもあります。

　特別支援学校に在籍する子どもとの交流及び共同学習は、障害のある子どもが、居住地の小・中学校等の子どもとともに学習し交流することで地域とのつながりをもつことができることから、引き続き進めていく必要があります。一部の自治体で実施している居住地校に副次的な籍を置くことについては、居住地域との結びつきを強め、居住地校との交流及び共同学習を推進する上で意義があります。

　また、学校間の交流及び共同学習や居住地校交流においては、関係する都道府県教育委員会、市町村教育委員会等での位置付けや連携が重要です．

　交流及び共同学習を推進するために、小・中学校の子ども及び保護者、関係する教職員の趣旨理解のために理解啓発を行います。双方の学校経営方針等で、交流及び共同学習に関する取組を位置付けるなど、組織的・計画的に進めていくための計画を立案します。交流及び共同学習の実際の活動内容や役割分担等について事前学習を行うことや、交流を行う子どもの障害の特性やその子どもの個性についての理解を進める等、バリアを生まない取組の工夫を行います。交流先の学級名簿等に、特別支援学校の子どもの氏名を記載する等、居住地校交流における副次的な籍の取扱いを工夫する等の取組も参考になると考えられます。

　例えば、小・中学校等において、特定の授業を中心に授業の流れを毎回同じようにすることで、特別支援学校の子どもにとっても活動の見通しが持ちやすくなります。そのことで、通常の学級の子どもとの交流も推進されるようになることがあります。

5．地域資源の活用に関すること

5-(4) 巡回相談や専門家チームによる支援は、どのようにすれば活用できますか。また、校内でどのような活用の仕方がありますか。

A 活用にあたっては、外部からのサポートを活用すること及び具体的な活用場面について校内での共通理解を図った上で、連絡・調整や支援内容を生かす体制を整えるとともに、関係者と連絡をとりやすい関係づくりをしておきます。

　特別な支援を必要とする子どもへの教育活動を行うにあたっては、学校内のみで対応するのではなく、必要に応じて外部の専門家や組織等を活用することが重要です。学校が活用できる専門家や組織等の例としては、専門家チームや巡回相談があります。

　専門家チームは、各学校からの要請に応じて、障害に関する相談を受けたり、望ましい教育的対応を示したり、保護者や本人への説明、校内研修への支援等を行ったりします。都道府県が設置している以外にも、教育事務所管内ごとや市町村で設置している場合があります。

　巡回相談員は、障害に関する専門的な知識や経験を有する者が、各学校・園からの派遣依頼に応じて訪問し、当該の教員に、指導内容や方法等について助言を行います。授業場面の観察、子どもの実態把握への助言、校内支援体制づくりへの助言、個別の指導計画の作成への協力、専門家チームと学校間のつなぎ等を担ってくれる場合もあります。

　専門家チームや巡回相談による支援を活用するためには、活用する側において、外部からのサポートを活用する目的や具体的な活用場面について校内での共通理解を図ること、活用の必要性を検討する場や連絡・調整及び支援内容を日々の指導に生かしていく体制の確立など、活用するための体制の整備が重要となります。

　よりスムーズな活用のためには、あらかじめそれぞれの連絡先を把握しておくことや、日頃から関係者と連絡をとりやすい関係づくりをした上で、相談したい具体的な内容を伝えるようにします。

　例えば、子どもへの支援に関する助言の他、校内委員会等にも参加してもらい、学校全体で特別支援教育への意識を高めたり、個々のケースへのかかわり方について助言を得たりする機会を積極的に設ける等の取組は参考になります。

5．地域資源の活用に関すること

Q5-(5) 特別支援学校のセンター的機能は、どのようにすれば活用できますか。また、どのような活用の仕方がありますか。

A 活用にあたっては、各校ホームページ等にある電話や電子メール等に連絡をとったり、都道府県又は市町村の教育委員会や教育センターを通したりして、活用したい内容等について整理をした上で特別支援学校に相談します。

　特別支援学校のセンター的機能として実際に行われている内容は、地域の状況や特別支援学校により異なりますが、代表的な内容の例としては、①小・中学校等の教員への支援、②特別支援教育等に関する相談・情報提供、③障害のある幼児子どもへの指導・支援、④福祉、医療、労働等の関係機関等との連絡・調整、⑤小・中学校等の教員に対する研修協力、⑥障害のある幼児子どもへの施設設備等の提供等があります。

　また、専門家チームや巡回相談員、特別支援教育アドバイザー、教育支援相談員等の役割を特別支援学校の教員が担っている場合もあります。

　センター的機能を活用するにあたっては、連絡をとりたい特別支援学校が分かっている場合は、各校ホームページに担当窓口や手続の仕方等が記載されていますので、電話や電子メール等で連絡をとるところから始まります。活用できる特別支援学校が分からない場合は、都道府県の教育委員会や教育センターのホームページを参照したり、近隣の特別支援学校に相談したりするとよいと思います。

　地域によっては、直接特別支援学校に申し込んだり、市町村教育委員会等を通して申し込んだりするところもありますので、併せて確認するようにします。相談したい内容や訪問日程等、具体的な活用の仕方については、特別支援学校の担当窓口と直接相談することができます。

　例えば、次のような取組が参考になります。活用したい内容を整理した上で、特別支援学校に直接相談します。

・特別支援教育に関する校内研修の講師を依頼する。
・支援要請の内容を明らかにし、授業参観後に担任が個別に指導・助言を受ける。
・地域支援のための「育ちと学びの支援センター（例）」のような部署を活用する。
・センター的機能のとりまとめをしている特別支援学校の窓口や市町村教育委員会に相談し、もっとも活用したい内容に対応しやすい特別支援学校を紹介してもらう。

5．地域資源の活用に関すること

Q5-(6) 地域の関係機関との連携はどのように図ればよいですか。

A 校内の支援体制による指導の実践・評価・見直しだけでは十分に教育効果が上がっていかない場合は、地域の関係機関と連携を図り、専門的な観点から指導・助言を受けたものを踏まえて、指導や支援の見直し、改善を図っていくようにします。

　インクルーシブ教育システムを構築する上では、地域において、医療、保健、福祉、労働等の関係機関の横断的な連携により、子どもへの必要な支援について情報の共有化が図られ、また、生涯にわたり支援が継続されるよう、関係機関等の相互連携の下で縦断的に連携がつながるためのネットワークをつくっていく必要があります。

　教育委員会や学校は、子どもの教育的支援のために有効な地域の関係機関との連携について、その専門性や活用方法等も含めて情報を整理しておくことが望まれます。

　子どもの多様な教育的ニーズに対しては、校内委員会等において子どもの実態把握から指導計画を作成し、校内の支援体制において具体的な指導の実践、評価、見直しを行うだけでは十分に教育効果が上がっていかない場合もあります。一人一人の障害の状態や程度等の専門的な判断や障害の特性に応じたより適切な指導、必要な支援を検討し、実践していくためには、地域の関係機関とも連携を図り、専門的な観点から指導・助言を受けたものを踏まえて、適切な指導や必要な支援についての見直し、改善を積極的に図っていくようにします。

　関係機関との連携を図っていくにあたっては、特別支援教育コーディネーターを中心に、校内委員会等で子どもの抱える課題の実態を把握し、教育的ニーズと指導，支援の方法を検討することから始まります。その際に、すぐに関係機関との連携を考えるのではなく、まず、校内の支援体制により指導、支援を実践していきます。実践した指導を評価し、見直し、改善を検討する中で、専門的な観点からの指導・助言が望まれると判断された場合に、関係機関との連携を図るようにします。

　連携の窓口については、主として、特別支援教育コーディネーターが担うことになりますが、養護教諭等の学校保健担当や生徒指導、人権教育の担当教員が関係する機関の窓口になっている場合もあります。子どもや保護者が既につながっている関係機関がある場合もあります。その場合は、子どもや保護者に対して、連携の必要性について了解を得た上で、連絡をとることになります。

　連携する関係機関は、子どもの教育的ニーズによっても異なります。校長は、地域の関係機関に関する情報をもとに、特別支援教育コーディネーター等に具体的な指示を行い、関係機関から適切な指導・助言等を受けることができるよう連携を推進します。

<用語解説>

【スクールソーシャルワーカー（SSW）】
　近年、いじめ、不登校、暴力行為などの子どもの問題行動等は教育上の大きな課題となっています。さらに、児童虐待などの家庭の問題やネット上のいじめの問題など、学校だけでは十分に対応しにくい課題に対応するため、家庭や学校、友人関係、地域社会などの子どもが置かれている環境に働きかけて支援を行います。文部科学省では、平成20年度から、教育分野に関する知識に加えて、社会福祉等の専門的な知識・技術を用いて、子どもの置かれた環境に様々な方法で働きかけて支援を行う、スクールソーシャルワーカーを配置し、教育相談の充実を図っています。平成23年度からは、都道府県・指定都市教育委員会に加え、中核市教育委員会においても、地域の実情に応じてスクールソーシャルワーカーが活用されています。

【スクールクラスター】
　スクールクラスターとは、地域内における教育資源の組み合わせのことを指します。スクールクラスターを活用するということは、まずそれぞれの地域の教育資源を把握することが重要です。特別支援学校のセンター的機能の活用については、特別支援学校と地域の学校の設置者（都道府県教育委員会、市町村教育委員会）が異なることがありますので、両者の連携が円滑である必要があります。また、支援が必要な障害種別の特別支援学校が近隣の地域に設置されていない場合もあります。特別支援教育コーディネーターなどが教育的資源を把握することが、スクールクラスターを効果的に活用するためには重要です。
　教育委員会が地域資源を総括する機能を整備すると、域内の各学校がスクールクラスターを円滑に活用することができます。また、特別支援学校と連携する仕組みを整備する役割も重要です。
　近隣に特別支援学校がない地域の場合は、通級指導教室等が、教育的ニーズに応えるための巡回相談や巡回による指導を行っていることもあります。また、域内に拠点校を設定し、相談業務を行うエリアコーディネーターを配置している地域もあります。

（石坂　務、徳永 亜希雄、生駒 良雄）

6．就学相談・就学先決定に関すること

Q6-(1) 就学前の保護者との相談はどのように進めればよいですか。

A 早期の段階から本人及び保護者への十分な情報提供や支援を行い、その成果を踏まえて、就学後に必要な支援内容・方法等について丁寧に話し合うことが必要です。

平成25年度学校教育法施行令（平成25年政令244号）の一部改正により、就学先決定手続きの流れが図5のようになりました。この改正では、本人及び保護者の意見を含めた「総合的判断」の重要性が指摘されています。同時に「早期からの本人・保護者への十分な情報提供、個別の教育支援計画の作成・活用による支援」を行うことが明記されていることも重要な点です。

インクルーシブ教育システムにおいては、就学先を決める時期になる以前の早期の段階から、認定こども園・保育所・幼稚園や児童発達支援センター等において、本人及び保護者に対して教育的ニーズや必要な支援の内容や方法について情報提供し、十分に話し合うことが期待されています。

認定こども園・保育所・幼稚園や児童発達支援センター等においては本人及び保護者と相談しながら個別の教育支援計画や個別の指導計画、障害児支援利用計画を作成し、支援を行っています。就学に関する相談において、これらの計画や計画に基づく支援結果等に関する情報は貴重です。保護者の了解を得て情報を入手し、相談で活用することが大切です。相談支援ファイルや就学支援シートが作成されている場合には、それらも活用します。

本人及び保護者は、就学に関する相談以前に、様々な悩みに直面し、相談をし、判断をすることを繰り返してきました。相談担当者が、それぞれの親子や家族の歴史を尊重することや、本人及び保護者の思いや願いを丁寧に聞き取ることによって、本人及び保護者と相談担当者との信頼関係が確かなものになります。

一方で、相談担当者は、早期からの支援の情報と実際の子どもとのかかわりで得られた情報から、子どもの実態把握を行います。それを踏まえて、子どもの教育的ニーズを見極め、必要な支援を本人及び保護者に提案することも行います。

本人及び保護者と相談担当者との意見の相違が起こることがあります。また、本人及び保護者が必要な支援や教育の場の選択を巡って迷い続けることもあります。このような時には合意形成を焦らず、本人及び保護者が納得するまで相談を続けることが大切です。

障害のある児童生徒の就学先決定について（手続きの流れ）

【改正後（学校教育法施行令）】

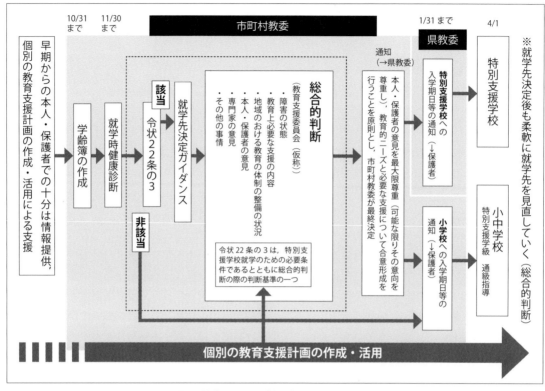

図5　障害のある子どもの就学先決定について

6．就学相談・就学先決定に関すること

Q6-(2) 相談支援ファイル、就学支援シート等をどのように活用すればよいですか。

A 就学後、相談支援ファイルや就学支援シートの内容について、個別の教育支援計画や個別の指導計画に引き継いでいき、保護者や関係機関とともに、適切な指導や必要な支援が継続して行えるよう活用していくことが大事です。

　早期から教育相談や療育等の支援を受けてきた子どもたちの中には、それらの内容や生育歴等が、相談支援ファイル、就学支援シート、サポートファイル等（※用語解説）にまとめられている場合があります。相談支援ファイル等は、就学先を決定するときのみならず、就学後においても様々な形で学校生活や家庭・地域生活へ積極的に参加し、持てる力を発揮するために活用されることを目的に作成されています。

　インクルーシブ教育システム構築においては、相談支援ファイル等を活用するため、その内容について、個別の教育支援計画や個別の指導計画に引き継がれていくことが大事になります。保護者との教育相談にあたり、相談支援ファイル等の有無について尋ね、作成されている場合は、個別の教育支援計画等へ引き継いでいくことについて了承を得るとともに、内容についても再確認をするとよいと思われます。

　また、本人及び保護者の願いや意見について、これまで以上に尊重していくことができるよう相談支援ファイルや就学支援シート等への記述をもとに話し合い、個別の教育支援計画等への記述を工夫することが重要です。さらに、相談支援ファイル等をもとに、状況に応じて支援会議を開催することも大事になってきます。

　本人の成長や周囲の環境の変化等により、相談支援ファイルや就学支援シートに記載された内容は、固定されたものではありません。その内容を個別の教育支援計画等に引き継いでいく際には、保護者、関係機関の担当者等とともに、見直しや加筆等を行い、適切な支援に結びつけるようにすることが大事です。例えば、災害等の非常時における避難方法などについては、実際に検証するとともに、全教職員で共有する取組が必要と思われます。

　相談支援ファイルや就学支援シートが、就学先の学校に送られた場合、その有効性について、作成にあたった保護者や関係機関に対して、受け取った側からフィードバックがされる仕組みを構築することができると、より利活用が進むと思われます。さらに、相談支援ファイル等の情報として、どのようなものがあると、より就学後の支援に生かすことができるか、就学先からも積極的に発信すること、また、その仕組みを構築していくことも重要です。

　長期的な視点に立ち、学校卒業後、地域での生活に向けた福祉サービス利用等への移行が円滑に進むよう、個別の教育支援計画等へ活用する際も、保健・医療・福祉・労働等の視点を引き継ぐ等、継続した活用を視野に入れるとよいと思われます。

6. 就学相談・就学先決定に関すること

Q6-(3) 適切な就学先についての合意形成はどのように図ればよいですか。

A 特別支援学校か特別支援学級かなど、就学先を検討する前に、教育的ニーズや支援内容や方法、子どもの思いや保護者の願い等を十分話し合うことが大切です。

　インクルーシブ教育システムにおいて、就学先の決定を行う際には、中教審報告や教育支援資料に「それぞれの子どもが、授業内容が分かり学習活動に参加している実感・達成感を持ちながら、充実した時間を過ごしつつ、生きる力を身に付けていけるかどうか、これが最も本質的な視点」とあることを踏まえることが重要です。

　学びの場に関する相談は、文字通り「場」に関する検討になってしまいがちです。しかし、「場」をどこにするかの議論の前に、「どのような教育が必要なのか」の議論をする必要があります。そのためには、子どもの教育的ニーズを的確に把握し、必要な支援内容や方法を検討することと、子どもの思いや保護者の願いを十分聞き取っておくことが大切です。それらを総合して、教育的ニーズ、支援内容や方法について合意形成を図り、その支援が実現する「場」はどこであるのかについて検討し、合意形成を図るようにします。

　教育的ニーズ、支援内容や方法については、乳幼児期から保健センター、認定こども園・保育所・幼稚園や児童発達支援センター等、様々な機関と保護者との間で繰り返し検討がされています。それらについては、相談支援ファイル、就学支援シート、サポートファイル等や障害児支援利用計画にも記載されています。また、小学校入学後も、毎年、個別の指導計画が作成され、個別の教育支援計画が更新されていきます。

　それらの情報を活用すれば、これまでの子どもの育ちや思い、保護者の願いや思いを連続的に把握することができます。これまでの経過を連続的に把握することができれば、現在の本人の思いや保護者の願いがどのように生まれてきたのかを適切に理解することができます。合意形成には時間がかかることもありますが、教育相談を繰り返しながら、少しずつ教育的ニーズの合意形成や就学先についての合意形成を図ることが大切です。

　就学先について、本人及び保護者が知り得る情報は限られます。十分な情報提供が必要ですし、様々な学びの場について見学や体験入学等を行うことも、本人及び保護者の理解を促す上で効果があります。

　都道府県等が作成している相談支援ファイルや就学支援シート等は、就学の場を検討する際に重要な資料となります（Q6-（2）参照）。

　母子保健担当の保健師等、乳幼児期の育ちや保護者の願いを知る者が、就学に関する教育相談に参加し、情報提供している市町村があります。

　また、都道府県教育委員会等では、学びの場や就学に関する教育相談等を紹介するパンフレットを作成していますので、就学に関する教育相談で活用することができます。

6．就学相談・就学先決定に関すること

Q6-(4) 就学にあたり、校内ではどのような準備を進めるとよいですか。

A 就学する前の所属機関から情報を収集し、校内委員会等を開催し、校内で情報を共有する準備をしておくことが望まれます。

　配慮や支援を必要とする子どもの就学にあたっては、就学先の学校が、就学前の所属機関等から情報収集し、支援内容や方法を検討することが大切です。相談支援ファイルや就学支援シート等がある場合は、それらを活用して情報を引き継ぐことが可能です。特別支援教育コーディネーター等が窓口となり、就学に関する教育相談を行う等して情報収集する方法もあります。また、事前の体験入学等により、子どもに関する実態把握や情報収集をする方法もあります。小学校へ就学する際には、就学時健康診断等の情報を活用することも大切です。いずれの場合も、情報の引き継ぎには保護者の同意が必要です。相談支援ファイル等がない場合は、あらかじめ学校等で情報収集する必要がある項目を検討し、その項目に基づいて情報収集します。

　次に、情報収集後、その子どもが就学するにあたり、合理的配慮の提供等がスムーズにできるような校内支援体制を確立するための校内委員会等を開催し、校内で情報の共有を図ります。インクルーシブ教育システム構築にあたっては、その子どもにどのような配慮が必要か、合理的配慮を提供するために必要なことは何か等、校内で情報共有を図る必要があります。場合によっては、合理的配慮を提供するための職員研修を開催する等、その子どもを学校で受け入れるにあたっての基礎的環境整備の更なる充実を図ります。

　また、子どもの教育的ニーズにより柔軟に応えるために、地域の教育的資源の活用を検討することも重要です。さらに、特別支援学級と通常の学級や小・中学校と特別支援学校等の交流及び共同学習の在り方等についても考えていくことが大切です。いずれの場合も、就学の準備を進めるためには、その子どもが就学する前の所属機関から情報を収集し、校内委員会等において情報を共有することが望まれます。

　例えば、以下のような取組も参考になります。保育所あるいは小学校、中学校の前年度の担任から新しい担任への申し送りを、年度末・年度始めに市全体の統一日を設けて行っているところがあります。また、巡回相談により、相談員が校内支援体制づくりへの指導助言、個々の子どもについての相談を行っているところもあります。

6．就学相談・就学先決定に関すること

 Q6-(5) 学びの場を柔軟に見直していくためには、どのようなことを考慮する必要がありますか。

A 障害の状態や教育上必要な支援の内容、地域における教育の体制整備の状況等を考慮することが望まれます。

「学校教育法施行令の一部改正（平成25年政令244号）」（平成25年8月）には、就学先が決定した後も、総合的な判断によって、転学する等、柔軟に学びの場の見直しを検討していくことが必要であることが示されています。インクルーシブ教育システムでは、子どもにとって最適な学びの場はどこなのかを考え、学びの場を柔軟に見直していく姿勢が大切です。学びの場の変更については以下の観点が重要です。

①子どもの障害の状態の変化
　障害の状態等に変化がみられた時に、学びの場を見直していく必要があります。

②教育上必要な支援の内容の変化
　教育課程の履修状況に改善が見られたり、生活上の困難を自ら改善できるようになったりした場合には、学びの場を見直していく必要があります。また、これらに伴う教育上必要な支援の内容に変化が生じる場合や、学年の進行による教育課程の高度化・複雑化に伴い、教育上必要な支援の内容に変化が生じる場合についても同様です。

③地域における教育の体制の整備の状況その他の事情の変化
　地域において、教育に関する条件整備がなされた場合等においては、学びの場を見直していく必要があります。

　学びの場の見直しについては、これらのことを考慮し、本人及び保護者の意向を最大限尊重したり、専門家からの意見を聞き取ったり、校内委員会を開催し、慎重に判断することが大切です。例えば、転学を予定している学校との交流及び共同学習の回数を重ねて、本人の様子や学校の基礎的環境整備の状況や合理的配慮の提供等についての情報を収集することも大切です。また、教育委員会においても、転学等の判断時に子どもの様子や学校等の状況を正確に把握できていることが重要です。
　このように、学びの場を柔軟に見直していくためには、各学校において、就学後も子どもの発達の程度や適応の状況についての情報を整理しておくことが大切です。
　以下のような例があります。肢体不自由のある子どもが肢体不自由特別支援学級に入学しましたが、電動車椅子の操作等が自由にできる環境が必要であること等を考慮し、本人や保護者、専門家等の総合的判断のもと、学年が変わるときに特別支援学校（肢体不自由）へ転学しました。また、特別支援学級に在籍していた発達障害のある子どもが、校内で個別指導を受けてきた結果、家庭学習の協力等もあり、自信をもって学習に取り組むことができるようになったため、通常の学級に学びの場を変更しました。

＜用語解説＞

【相談支援ファイル、就学支援シート、サポートファイル】
　可能な限り早期から成人に至るまでの一貫した指導・支援ができるように、子どもの成長記録や生活の様子、指導内容等に関する情報を記録したもので、必要に応じて関係機関が共有し、就学先決定、転学、就労判定などの際の資料としても活用できるようにしたファイルやシートのこと（名称は、作成した自治体等により異なることがある。）。

（久保山　茂樹、齊藤　由美子、江田　良市、大崎　博史）

7．早期からの一貫した支援体制に関すること

Q7-(1) 乳幼児期における支援にはどのようなものがありますか。

A 市町村における乳幼児期の支援には、全ての親子を対象とした母子保健担当による支援と、特別な支援が必要な子どもと保護者を対象とした福祉担当による支援があります。

　市町村における母子保健の担当は、保健センターや子ども健康課等の名称で呼ばれています。福祉の担当は、福祉課や障害福祉課等の名称で乳幼児期から成人期まで担当している場合と、子ども課や発達支援課等の名称で乳幼児期を専門としている場合があります。母子保健と福祉が一体になっている市町村もあります。

　出生前や出生後すぐに障害があることが分かった子どもやその保護者に対しては、医療機関が診療や支援を行い、地域の母子保健や福祉担当へと引き継がれていきます。

　乳幼児期における支援は、子どもへの支援と同時に、育児不安の軽減等、保護者支援にも重点が置かれています。親子を支援している母子保健担当が有する親子の情報は、その後の支援においても活用できる重要な内容を含んでいます。

　乳幼児健康診査（※用語解説）では、育児不安への対応をしつつ、身体の発育状況や栄養状況の確認や必要な支援を行います。また、疾病や障害の可能性の有無に関する問診項目や行動観察があり、その結果によってはフォローアップ教室や専門機関等を紹介して、発達を見守り、支援を行います。この時期に紹介を受けた保護者には、とまどったり不安を感じたりすることが見られます。そこで、母子保健担当は、親子が安心して支援を受けられるよう、相談を繰り返したり家庭訪問をしたりして保護者との関係づくりを丁寧に行っています。また、関係機関との連携を大切にしています。

　母子保健担当の中心となるのが保健師です。保健師は、子どもが生まれる前の母子健康手帳を交付する時から、保護者とかかわっています。誕生前には、両親教室や家庭訪問等を通して生活の様子等も把握しています。誕生後は、新生児訪問や乳児家庭全戸訪問事業等の家庭訪問や、乳幼児健康診査等によって親子を支援しています。

　健診では診断はできませんので、疾病や障害の可能性があれば医療機関を紹介します。また、ほとんどの市町村で1歳6か月児健康診査や3歳児健康診査の後に、フォローアップ教室が設定され、障害の可能性のある子どもや保護者への支援を行っています。必要に応じて医療機関や専門機関（児童発達支援センター等）を紹介することがあります。

　発達障害への関心が高まる中、「5歳児相談」等の名称で呼ばれる相談の機会を実施する市町村もあります。現時点では国の制度ではなく、市町村が独自に行っているものです。これらは、3歳児健康診査と就学時健康診断の中間の時期に実施され、園で生じている学びにくさや生活しにくさについて把握し、必要な支援していくことを目的としています。

　児童発達支援センター等では、日常生活の基本的動作や集団生活への準備のための支援等を行っています。認定こども園・保育所・幼稚園と併行通園を行うこともあります。保育所・幼稚園等や小学校と支援を継続するために、個別支援計画の引き継ぎや保育所等訪問支援による引き継ぎが行われています。

7．早期からの一貫した支援体制に関すること

 7-(2)　保健、医療、福祉等の早期支援を就学後の支援にどのように生かせばよいですか。

A　早期からの支援を引き継ぎ就学後の支援に生かすためには、可能な限り早い段階から関係者間で情報を共有し、的確な実態把握をもとに支援に必要な環境を整えたり、より具体的な支援の方法を検討したりすることが望まれます。

　一人一人の特別な教育的ニーズに応じた支援を行うためには、早期からの相談や支援が行われることやそれらが引き継がれていくことが重要です。インクルーシブ教育システム構築においては、関係機関が互いに連携・協働し、配慮や支援を必要としている子どもの実態や状況について、多面的に捉え、適切な支援に結びつけることが大切です。

　なお、情報の共有にあたっては、保護者の了承を得ることはもちろんのこと、必要に応じて、関係者間で支援会議等を開催し、そこに保護者が参加することも考えられます。子どもについて、就学に至るまでの早期支援の状況や就学後の願い等についても、直接聞き取り、保護者の考えを最大限尊重し、本人や家族が安心して学校生活を迎えることができるよう、関係者全体で支える仕組みを整えることが重要です。

　また、園や学校と関係機関が日頃から緊密な連携を図るとともに、関係機関で作成された個別支援計画と学校等で作成する個別の教育支援計画等とが、個人情報に留意しつつ、相互に連携できていくことも大切です。

　早期からの相談の記録や支援の内容や方法について、相談支援ファイルや就学支援シート等が作成されている場合は、保護者の了承後、関係機関の担当者が情報を書面にて共有するとともに、その後、実際に支援会議等を開催し、より具体的に指導や支援について検討できるとよいと思います。そこでは、記述されている内容だけでなく、記述に至るまでのプロセス等についても、互いに確認し合うことができるとよいと思います。

　早期支援が就学後の支援にどのように役立ったか等について、就学先からも積極的に発信する仕組みを構築していくことも重要です。さらに、早期からの支援や情報としてどのようなものがあると、より就学後の支援に生かすことができるか、就学先からも積極的に発信すること、また、その仕組みを構築していくことも重要です。

　早期からの支援の実績に基づき、施設・設備等、基礎的環境整備または合理的配慮として必要と考えられるものについては、関係者間で情報を共有し、計画的・組織的に検討していったり、施設・設備等を新設する場合は、設計の段階から、早期支援に関わった者に参画してもらったりするとよいと思います。

7．早期からの一貫した支援体制に関すること

Q7-(3) 就学後の機関間の連携を円滑にするためにはどのような工夫が考えられますか。

A 機関間で、子どもの支援に関する具体的な情報を引き継いだり共有したりすることが大切です。また、学校が子どもを囲む「支援の輪」の一部であることを意識し、地域の関係機関における人のネットワークや連携体制づくりを進める工夫が考えられます。

　特別な教育的ニーズのある子どもについては、就学後においても、学校と関係機関が連携し、子どもの支援に関する具体的な情報を引き継いだり、共有したりすることが大切です。特別な教育的ニーズのある子ども本人及びその家族の多くは、就学後も、地域の医療、福祉等の様々な関係機関に関わりながら生活しています。例えば、病気や障害等の診断がある子どもは、医療機関にかかっています。また、医療機関や福祉機関に定期的に通い理学療法士や作業療法士、言語聴覚士等から専門的な支援を受けている場合もあります。

　7-（1）で述べたように、教育的ニーズのある子どもについては、乳幼児期から地域の保健、医療、福祉等の様々な関係機関が連携した支援が行われていますが、子ども本人及びその家族を主体に考えたとき、学校は、保健、医療、福祉等の様々な関係機関と共に、地域において子ども本人及びその家族を見守る「支援の輪」の一部であることを意識することが大切です。さらに、学校が、子どもの学びの場であるとともに、子どもの生活の一部を担う場でもあることを考えると、関係機関から得た支援の情報を、学校の学習や生活の場面で適切に実践することも必要となります。

　この「支援の輪」の充実のために、学校は、地域の関係機関に関わる人のネットワークや連携体制づくりを進めることが望まれます。関係者同士でネットワークを作りお互いの機関の状況を共有したり、保護者の了解のもとに、子どもが関わっている保健、医療、福祉、労働等のサービスや民間リソース等から情報を得たりします。各機関で作成されている個別支援計画と学校等で作成する個別の教育支援計画が相互に連動していることが大切です。また、子どもに関係するキーパーソンが連携し、気軽に話ができる関係をつくっておくことで、子どもや保護者が戸惑ったり不安になったりすることなく、他機関との連携のもと、継続した支援が可能となります。

　このように学校が他機関との連携協力を進めるにあたって、管理職や特別支援教育コーディネーターの役割は重要です。また、学校が他機関との連携協力を進めやすいように、行政の仕組みとして、保健、医療、福祉、教育、労働等の関係部局が連携した施策が行われている自治体もあります。

7．早期からの一貫した支援体制に関すること

Q7-(4) 幼児期から小・中学校、高等学校へと途切れない連携・支援を行う上で大切なことは何ですか。

A ツールの活用や人の連携によって、学びの場が変わっても、子ども・家族が安心して、それぞれの子どもにふさわしい学びが継続できるようにすることが大切です。

　特別な教育的ニーズのある子どもの支援を担う機関は、早期の関連機関から認定こども園・保育所・幼稚園、小学校、中学校、高校等、学校卒業後の様々な社会生活の場へと移行していきます。途切れのない一貫した支援を行うにあたっては、子どもに関する情報やその支援に関する具体的な情報を移行に伴って共有し引き継いでいくことが大切です。

　子どもの移行に伴う機関間の引き継ぎは、障害の有無にかかわらず計画的に実施されるべきことですが、障害がある等、教育的ニーズのある子どもについては、通常の引き継ぎ内容に加えて、子どもの状況や支援内容に関するより詳細な内容に関して、関係者で共通理解し引き継ぐ必要があります。

　移行にあたっては、子どもを送り出す側の機関から移行先の機関に、引き継ぎ資料等を作成する場合が多いと考えられますが、時には、子どもを送り出す側の機関が伝えたい内容、移行先の機関が欲しい情報に違いがある場合があります。担当者が、それぞれの機関における教育等の内容や状況を相互理解し、引き継ぎ内容をすり合わせることで、より具体的に活用できる情報が共有され引き継がれます。こうした引き継ぎが円滑に進むよう、教育委員会等が支援することが大切です。また、多くの自治体で、就学支援シート等や個別の教育支援計画、個別の指導計画等のツールを活用することによって移行の際の連携が図られていますが、その際には、学校等の管理職の役割が大変重要になってきます。

　中学校から高等学校への移行では、市町村から都道府県の所管となる場合が多く、また入学に際して選考試験が行われる場合が多いため、引き継ぎ方法についての工夫が必要となります。さらに、同じ学校の中でも、学年や学部が変わる、担当者が変わる等の移行の際に、情報共有を円滑にして指導や支援をつなぐことを心がけます。

　「途切れない支援」とは、その子どもに対して同じ支援を継続するということではありません。子どもが力をつけたことで、あるいは、環境の変化によって必要がなくなる支援もあります。また、成長することに伴って新たに生じる課題や将来的な生活に向けてこれから必要となる支援を検討する場合もあります。重要なのは、一貫した支援体制によって、学びの場が変わっても、その子どもや家族が安心して、子どもなりの学びを継続できることです。それぞれの機関においてその子どもの目標を検討する際には、その子どもの自立と社会参加を見据え、短期的な目標のみではなく、長期的な展望の中で今の目標がどう位置づくのかを意識することも大切です。

7．早期からの一貫した支援体制に関すること

Q7-(5) 個別の教育支援計画、個別の指導計画をどのように作成し、活用すればよいですか。

A それぞれの計画の役割について理解したうえで、有効に活用するためにはできるだけ具体的な計画を作成します。計画の評価と見直しは、関係者を交えて定期的に行います。

　個別の教育支援計画や個別の指導計画は、障害のある子どもについて主に教育的視点から一貫した支援を行う上で、大切な役割を果たすツールです。それぞれの計画の役割について理解したうえで、有効に活用することを前提に作成することが望まれます。

　個別の教育支援計画は、障害がある子どもについて、家庭・地域や、保健、医療、福祉、教育、労働等、関係する機関が関わって長期的な視点で作成する支援計画であり、教育機関が中心になって作成するものです。保護者をはじめとして多くの関係機関が関わることで、その子どもに関する多面的な実態把握や情報収集ができます。さらに子どもや保護者の願いや実態把握に基づき、長期的な展望をもって、子ども及び家族への支援の目標や内容を検討し計画立案します。各関係機関が、その子どもや家族にどのような支援を行うのか、役割分担について検討し計画に記します。個別の教育支援計画の作成や評価や見直しのための会議は、他機関との連携を具体的に進める場となります。評価・見直しのスパンを決め、定例化するようにします。

　目標や支援の内容については、子ども自身や家族の意向や願いを十分尊重することがこの計画作成の原点です。さらに、保護者と合意形成を図ったうえで決定した「合理的配慮」の具体的内容については、個別の教育支援計画に明記することが重要です。「合理的配慮」の内容は、次に述べる個別の指導計画にも活用されることが望まれます。

　個別の指導計画の役割は、個別の教育支援計画を受けて、教育として各教科等にわたった指導と支援の計画を行うものです。目標設定やそのための支援内容の検討の際には、実態把握から導かれる子どもの教育的ニーズ、教育課程、学校目標等、様々な検討が必要ですが、子ども本人及び保護者の意向を十分考慮します。計画には、いつ、どの場面で、誰が、どのような指導や支援を行うのか、またどのように評価するのかを具体的に記すことで、計画を教育実践に確実に活かすこととなります。

　担当者が変わっても、障害のある子どもへの指導や支援が継続されるためには、この個別の指導計画というツールを学校運営の仕組みの中できちんと位置付けて活用することが大切です。計画の評価と見直しを、関係者を交えて定例的に行うようにします。

　最後に、個別の教育支援計画や個別の指導計画の作成や活用において、個人情報の保護に十分な注意をしなければなりません。その一方で、保護者の同意を得て、関係者の間で必要な情報を共有するための工夫も必要です。

＜用語解説＞

【乳幼児健康診査】
　一般に乳幼児健診と呼ばれていますが、正式には乳幼児健康診査という名称で母子保健法に定められています。市町村では、1歳6か月児健康診査（満1歳6か月から2歳までに実施）と3歳児健康診査（満3歳から4歳までに実施）が必ず実施されています。このほか、市町村独自の乳幼児健康診査として3か月、7か月、10か月、2歳頃にも実施され、子どもの成長を確認し、子育て支援を行いつつ、疾病や障害の可能性の有無を確認しています。

（久保山 茂樹、齊藤 由美子、江田 良市、大崎 博史）

8．社会基盤の形成に関すること

 障害のある子どもをもつ保護者の理解や協働を、どのように進めればよいですか。

A 保護者との信頼関係づくりに努めることが大切です。保護者との信頼関係の構築にあたり特に大切な要点として、①保護者の悩みなどを受け止めること、②目標の明確化・共有化が挙げられます。

　子どもの生活は、家庭・学校・地域と連続しています。子ども一人一人の教育的ニーズに応じた適切な指導や必要な支援を行うために、子どもの実態を多角的な視点から把握する必要があります。また、子ども本人や保護者の願いを指導・支援に反映させることも重要です。

　インクルーシブ教育システムを推進していくにあたり、子どもの可能性が最も伸長される教育の場の選定や合理的配慮の検討等、今まで以上に保護者との信頼関係を基にした協働が求められます。保護者との協働により、生育歴や家庭での過ごし方等の必要な情報が得られ、より的確な実態把握が可能になります。また、的確な実態把握を行うことで、それに基づいた指導・支援が可能になり、教育的ニーズに応じた適切な指導や必要な支援の展開につながります。保護者との合意形成は、信頼関係のもとに成立します。したがって、保護者との日頃からの情報交換を意識して、電話連絡や家庭訪問等を信頼関係づくりの場と捉えて、保護者との関係づくりに努めることが大切です。

　保護者との信頼関係を構築するにあたって、特に大切な要点を以下に示します。

　①保護者の悩みなどを受け止めること
　最初の段階として、障害の有無や原因を見つけるのではなく、保護者の抱えている悩みを受け止める姿勢が大切です。そのために、子どもの障害やできないこと、問題となる行動にばかり目を向けるのではなく、子どもができるようになったこと、得意なことや好きなことを見つけたり、保護者が子どもと上手に関わっている場面を評価したりする等して、保護者の不安を和らげることが大切です。

　②目標の明確化・共有化
　次の段階では、方向を指し示すというよりも、保護者の子どもに対する思いやニーズをくみ取り、保護者とともに子どもの将来について話し合っていくことが大切です。保護者と学校が同じ目標に向かって指導や支援を行っていけるように、子どもの目標を挙げて、その優先順位を明確にしたり、共有したりしていきます。そして、学校及び家庭での指導や支援を行いながら、その都度、情報共有をしたり、家庭での支援に対してねぎらったりしながら連携を継続していくことが大切です。

8．社会基盤の形成に関すること

Q8-(2) まわりの保護者や地域住民への理解啓発はどのように進めればよいですか。

A 保護者や地域住民へ理解啓発を進めるために、学校と教育委員会が連携して取り組んでいくことが重要です。

　インクルーシブ教育システムの推進にあたり、日頃から地域に障害のある人がいることが周知され、障害のある人と保護者を含めた地域住民との相互理解が図られていることが重要です。そして、学校のみならず、地域の様々な場面でどう生活上の支援を行うかという観点が必要です。そのために保護者や地域住民への理解啓発は不可欠です。

　学校で行う理解啓発の方法として、理解啓発に関する事項を学級通信や学校通信に掲載することが考えられます。また、保護者会やPTA懇談会を利用する方法もあります。これらは定期的に開催されるので、理解啓発の場として適しています。

　例えば、学級の保護者会であれば、特別支援教育に関する内容を含む学級経営上、必要な内容を計画的に取り上げ、担任としての願いや方針を伝えること等が考えられます。また、入学式や保護者会等で特別支援教育コーディネーターより、特別支援教育についての説明を行い、保護者への理解啓発を図ることも効果的です。

　理解啓発をする上での留意点として、保護者の障害に対する理解の程度や範囲は、保護者自身の育った環境や受けた教育により大きく影響されるので、特別支援教育に対する理解啓発を計画的に行うことが必要です。

　さらに、保護者だけではなく、地域住民にも広く理解啓発を行うために、学校と教育委員会が連携して取り組んでいくことが重要です。

　次に、各地域で実際に取り組まれている例を挙げます。発達障害を含む様々な困難さについて、その原因や状態、適切な対応方法を広報誌の記事として掲載し、広く市民の理解を得る取組、広報誌に特別支援教育に関する特集を組んで各家庭に配布する取組、学校の情報提供として、小学校及び中学校の新1年生の保護者全員に通級指導教室のパンフレットを配布する取組、特別支援学級が公民館での文化祭で販売会を行ったり、和太鼓の発表を行ったりするなど、各地域の行事に積極的に参加する取組、特別支援教育研究連盟（特別支援学級設置学校長、特別支援学級担任や特別支援学校等による特別支援教育の充実を目的とした組織）が中心となり、合同作品展、合同発表会、教育講演会などを催し、特別支援教育を振興する取組、社会福祉法人が主催する発達障害の理解推進のための講演会を後援し、学校関係者、保護者、地域住民を対象とした理解啓発を行う取組、インターネットなどを利用して、市民に呼びかけ、障害の理解や特別支援教育などに関する講演会を実施する取組などが行われています。

8．社会基盤の形成に関すること

8-(3)　まわりの子どもたちへの障害理解をどのように推進すればよいですか。

A　教員自身が、障害と障害児者に関する広範な知識や、障害のある子どもと障害のない子どもが共に学ぶ意義を理解し、適切な指導・支援を行うことが大切です。そのための研修を日々、積むことが重要です。このように、共生社会の形成に関する意識をもった上で、障害理解を推進する必要があります。

　共生社会の形成に向けて、全ての人々が、障害のある人と共に学び合い生きる中で、公平性を確保しつつ社会の構成員としての基礎をつくることが重要です。そのために、障害理解を推進していくことが今後より一層重要です。

　全ての教員が身に付けるべき専門性の1つに、「共生社会の形成に関する意識」が挙げられます。したがって、教員自身が、障害と障害児者に関する広範な知識を持ち、障害のある子どもと障害のない子どもが共に学ぶ意義を十分に理解し、適切な指導・支援を行うことが大切です。そのための研修を日々、積んでいくことが重要です。

　このように、教員は、共生社会の形成に関する意識をもった上で、まわりの子どもたちに障害理解を推進する必要があります。教員によるこのような働きかけによって、まわりの子どもたちは、障害のある子どもと適切に関わることができるようになります。また、まわりの子どもたちの自己理解や他者理解を育てることにも、つながっていきます。さらに、障害理解の推進は、多様性を認める共生社会の形成にもつながります。

　障害理解を進めるには、年齢や学年など子どもの発達段階に応じて適切な内容を検討することが大切です。具体的な方法として、学級経営や各教科、特別の教科　道徳、特別活動、総合的な学習の時間など学校の教育活動全体を通して、障害理解に関する内容を取り上げることが考えられます。また、交流及び共同学習を通して、障害のある子どもと障害のない子どもの相互理解を深める授業づくりが大切です。学校の教育活動の中で、障害のある子どもと障害のない子どもが共に学ぶ経験を重ねることは、子どもだけではなく教員にも障害に関する理解を促進する機会になります。

　上記のような内容や方法を用いて障害理解を推進する際、その指導・支援の効果を客観的に評価するには限界があります。障害理解に関わる授業の感想文を書かせても、必ずしも本音が記されているとは限らない場合があります。したがって、教員は常に日常での子どもの言動に注目して評価していく必要があります。障害や障害のある人に対する思いやりの心を育て、お互いに支え合う人間関係を構築します。

　障害理解の発達段階と授業の留意点の例を以下に挙げます。発達段階の一つとして、①気づき、②知識化、③情緒的理解、④態度形成、⑤受容的行動の5つの段階で捉える考え方があります。そして、指導形態として、発達段階に応じた指導、体験的学習、自主的課題、グループ学習、地域での学習があります。障害理解では、表面的な思いやりを育てることが目的ではなく、障害を正しく理解させることも大切であることに留意が必要です。これらはあくまで基本的なもので、弾力的で柔軟な対応が必要です。

（岡本　邦広、澤田　真弓、牧野　泰美）

第3章　インクルーシブ教育システムに関する知っておきたい基礎知識

　障害者の権利に関する条約の批准に至るまでの国内法等の整備を中心に、教育現場にも知っておいて欲しいことを挙げた。インクルーシブ教育システム構築の体制づくりに際しては、国内法等についても教職員で共通理解をしておくことが望まれる。また、障害者の権利に関する条約の批准に伴うインクルーシブ教育システム構築は、我が国だけの取組ではなく、世界各国で取り組まれている。

（1）障害者の権利に関する条約

　平成18年12月に国連総会において採択された「障害者の権利に関する条約」について、我が国は平成19年9月に署名し、平成26年1月（同年2月発効）に批准した。この間、障害者基本法の改正（平成23年）、障害者差別解消法の制定（平成25年）など、障害者に関する一連の国内法の整備を行ってきた。
　「障害者の権利に関する条約」第24条には、教育について、障害者を包容するあらゆる段階の教育制度（inclusive education system）及び生涯学習を確保すること、障害者が障害に基づいて一般的な教育制度（general education system）から排除されないこと及び障害のある児童が障害に基づいて無償のかつ義務的な初等教育から又は中等教育から排除されないこと、障害者が、他の者との平等を基礎として、自己の生活する地域社会において、障害者を包容し、質が高く、かつ、無償の初等教育を享受することができること及び中等教育を享受することができること、個人に必要とされる合理的配慮が提供されることなどが述べられている。

平成18年12月	国連総会において障害者の権利に関する条約を採択
平成19年 4月	特別支援教育の本格的実施「特殊教育」から「特別支援教育」へ
平成19年 9月	障害者の権利に関する条約の署名
平成23年 8月	障害者基本法改正
平成24年 7月	中央教育審議会初等中等教育分科会報告「共生社会の形成に向けたインクルーシブ教育システム構築のための特別支援教育の推進」
平成25年 6月	障害者差別解消法制定
9月	学校教育法施行令改正「就学制度の改正」
平成26年 1月	障害者の権利に関する条約の批准
平成27年11月	障害者差別解消法に基づく文部科学省所管事業分野の対応指針の策定
平成28年 4月	障害者差別解消法の施行

（2）「共生社会の形成に向けたインクルーシブ教育システム構築のための特別支援教育の推進」
　　　（中央教育審議会初等中等教育分科会報告）

　障害者の権利に関する条約の批准に先駆けて、中央教育審議会初等中等教育分科会により「共生社会の形成に向けたインクルーシブ教育システム構築のための特別支援教育の推進（報告）」（以下、中教審報告）が平成24年7月にまとめられた。現時点での、我が国におけるインクルーシブ教育システム構築に向けた考え方、取組の方向性が示されている。共生社会とは、誰もが相互に人格と個性を尊重し支え合い、人々の多様な在り方を相互に認め合える全員参加型の社会である。
　本報告では、障害者の権利に関する条約第24条を受けて、「インクルーシブ教育システムとは、障

害のある者と障害のない者が共に学ぶ仕組みであり、障害のある者が一般的な教育制度から排除されないこと、自己の生活する地域において初等中等教育の機会が与えられていること、個人に必要な合理的配慮が提供されること等が必要とされている」旨が示されている。そして、「共生社会の形成に向けては、障害者の権利に関する条約に基づくインクルーシブ教育システムの理念が重要であり、その構築のため、特別支援教育を着実に進めていく必要がある」とされている。

「インクルーシブ教育システムにおいては、同じ場で共に学ぶことを追求するとともに、個別の教育的ニーズのある子どもに対して、自立と社会参加を見据えて、その時点で教育的ニーズに最も的確に応える指導を提供できる、多様で柔軟な仕組みを整備することが重要である。小・中学校における通常の学級、通級による指導、特別支援学級、特別支援学校といった、連続性のある「多様な学びの場」を用意しておくことが必要である」ことが述べられている。

また、「基本的な方向性としては、障害のある子どもと障害のない子どもが、できるだけ同じ場で共に学ぶことを目指すべきである。その場合には、それぞれの子どもが、授業内容が分かり学習活動に参加している実感・達成感を持ちながら、充実した時間を過ごしつつ、生きる力を身に付けていけるかどうかが最も本質的な視点である」とし、そのための環境整備が必要であることも述べられている。

(3) 合理的配慮、基礎的環境整備

① 「合理的配慮」の決定と提供

「障害者の権利に関する条約」第2条の定義において、「合理的配慮」は以下のように示されている。「合理的配慮」とは、「障害者が他の者と平等に全ての人権及び基本的自由を享有し、又は行使することを確保するための必要かつ適当な変更及び調整であって、特定の場合において必要とされるものであり、かつ、均衡を失した又は過度の負担を課さないものをいう」とされている。なお、「負担」については、「変更及び調整」を行う主体に課される負担を指している。

「合理的配慮」の決定・提供にあたっては、各学校の設置者及び学校が体制面、財政面をも勘案し、「均衡を失した」又は「過度の」負担について、個別に判断することとなる。各学校の設置者及び学校は、障害のある子どもと障害のない子どもが共に学ぶというインクルーシブ教育システムの構築に向けた取組として、「合理的配慮」の提供が必要になる。その際、現在必要とされている「合理的配慮」は何か、何を優先して提供する必要があるかなどについて、十分に検討する必要がある。

合理的配慮は一人一人の障害の状態や教育的ニーズ等に応じて決定されるものであり、設置者・学校と本人・保護者により、発達の段階を考慮しつつ、観点を踏まえ、可能な限り合意形成を図った上で決定し、提供されることが望まれる。合理的配慮は発達の程度や適応の状態等によっても変わり得るものであり、柔軟に見直しを図る必要があり、子どもに十分な教育が受けられるように合理的配慮が提供できているかという観点から評価することが重要になる。例えば、個別の教育支援計画、個別の指導計画に基づき実行した結果を評価して定期的に見直していくことなどが求められる。

「合理的配慮」については、個別の状況に応じて提供されるものであり、これを具体的かつ網羅的に記述することは困難なことから、中教審報告では、「合理的配慮」を提供するにあたっての観点を類型化するとともに、観点ごとに、各障害種に応じた「合理的配慮」を例示するという構成で整理している。報告に示されている観点は、あくまで例示であり、これ以外は「合理的配慮」として提供する必要がないというものではなく、「合理的配慮」は、一人一人の障害の状態や教育的ニーズ等に応じて決定されるものであることに留意が必要である（図6）。

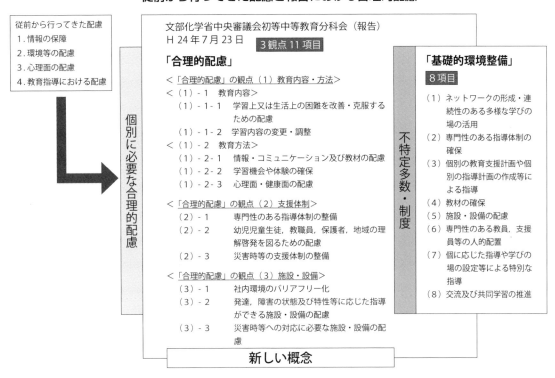

図6 新しい概念「合理的配慮」（文部科学省説明資料,2014）

② 「合理的配慮」の基礎となる環境整備

　障害のある子どもに対する支援については、法令に基づき又は財政措置により、国は全国規模で、都道府県は各都道府県内で、市町村は各市町村内で、教育環境の整備をそれぞれ行うことになる。これらは、「合理的配慮」の基礎となる環境整備であり、それを「基礎的環境整備」としている。これらの環境整備は、その整備の状況により異なることになるが、これらを基に、設置者及び学校が各学校において、障害のある子どもに対し、その状況に応じて、「合理的配慮」を提供することになる。

　「合理的配慮」の充実を図る上で、「基礎的環境整備」の充実は欠かせないものである。必要な財源を確保し、国、都道府県、市町村は、インクルーシブ教育システムの構築に向けた取組として、「基礎的環境整備」の充実を図っていく必要がある。なお、「基礎的環境整備」についても、「合理的配慮」と同様に、体制面、財政面を勘案し、均衡を失した又は過度の負担を課さないよう留意する必要がある。また、「合理的配慮」は、「基礎的環境整備」を基に個別に決定されるものであり、それぞれの学校における「基礎的環境整備」の状況により、提供される「合理的配慮」は異なることも考えられる。

(4) 障害者差別解消法の制定

　「障害者の権利に関する条約」の締結に向けた国内法制度の整備の一環として、全ての国民が、障害の有無によって分け隔てられることなく、相互に人格と個性を尊重し合いながら共生する社会の実現に向け、障害を理由とする差別の解消を推進することを目的として、平成25年6月に「障害を理由とする差別の解消の推進に関する法律」（いわゆる「障害者差別解消法」）が制定され、平成28年

4月から施行される。

　この法律の対象となる障害者とは、障害者基本法に規定されている身体障害、知的障害、精神障害（発達障害を含む。）その他の心身の機能の障害（以下「障害」と総称する。）がある者であって、障害及び社会的障壁により継続的に日常生活又は社会生活に相当な制限を受ける状態にあるものとしている。これは、障害者が日常生活又は社会生活において受ける制限は、障害のみに起因するものではなく、社会における様々な障壁と相対することによって生ずるものとするいわゆる「社会モデル」の考え方を踏まえており、障害者手帳の所持者に限らない。

　不当な差別的な取扱いについては、国の行政機関・地方公共団体等、民間事業者（個人事業者やNPO等も含む）ともに禁止、障害者への合理的配慮については、国の行政機関・地方公共団体等においては法的義務、民間事業者においては努力義務となっている。

　この法律では、国の行政機関や地方公共団体等及び民間事業者による「障害を理由とする差別」を禁止すること、差別を解消するための取組について政府全体の方針を示す「基本方針」を作成すること、行政機関等ごと、分野ごとに障害を理由とする差別の具体的内容等を示す「対応要領」・「対応指針」を作成することが示されている。また、相談及び紛争の防止等のための体制の整備、啓発活動等の障害を理由とする差別を解消するための支援措置について定められている。

　これを受けて、平成27年11月に文部科学省所管事業分野における障害を理由とする差別の解消の推進に関する対応指針が示された。文部科学省が所管する分野における事業者が適切に対応するために必要な事項を定めたものである。事業者とは、商業その他の事業を行う者（国、独立行政法人等、地方公共団体及び地方独立行政法人を除く。）を指し、学校法人、宗教法人、非営利事業を行う社会福祉法人及び特定非営利活動法人を含んでいる。不当な差別的取扱い及び合理的配慮の基本的な考え方、関連事業者における相談体制の整備、理解・啓発等について示されている。

（5）学校教育法施行令の改正「就学制度の改正」

　障害のある子ども等の就学先決定の仕組みに関する学校教育法施行令の改正が行われ、平成25年9月1日より施行されている。障害のある子どもの就学先決定について、一定の障害のある子どもは原則として特別支援学校に就学するというこれまでの学校教育法施行令における基本的な考え方を改め、市町村の教育委員会が個々の子どもについて障害の状態等を踏まえた十分な検討を行った上で、小中学校又は特別支援学校のいずれかを判断・決定する仕組みに改めるものである。

　その内容は、①就学基準に該当する障害のある子ども等は原則特別支援学校に就学するという従来の仕組みを改め、障害の状態等を踏まえた総合的な観点から就学先を決定する仕組みへの改正、②障害の状態等の変化を踏まえた転学に関する規定の整備、③視覚障害者当である子ども等の区域外就学に関する規定の整備、④保護者及び専門家からの意見聴取の機会の拡大等である。その詳細は、「教育支援資料」にまとめられている。「教育支援資料」では、第1編に学校教育法施行令の一部を改正する政令の解説、第2編に教育相談・就学先決定のモデルプロセスが示されている他、第3編では障害の状態等に応じた具体的な教育的対応について、各障害別に示されている。

　これにより、総合的な観点からの判断と合意形成がより重要になる。単に障害の有無ではなく個々の子どもの実態に応じた判断が求められる。中教審報告では、「①障害の状態、②本人の教育的ニーズ、③本人・保護者の意見、④教育学・医学・心理学等専門的見地からの意見、⑤学校や地域の状況等を踏まえた総合的な観点から就学先を決定する仕組みとすることが適当である」と提言されている。総合的な観点からの就学先決定の仕組みは、就学先決定後も柔軟に就学先を見直していくこととなる。

本人、保護者に対して、できるだけ早い時期から就学に関する十分な情報提供を行うとともに、教育委員会担当者、教育・保育の担当者、保健・福祉の担当者、医療担当者等が相互に密接な連携を図り、関係者の合意形成のもと円滑な就学支援ができることが望まれる。

（6）インクルーシブ教育システム構築支援データベース（インクルDB）

文部科学省のインクルーシブ教育システム構築モデル事業で得られた、「合理的配慮」の実践事例をまとめたデータベース（インクルDB）が、平成26年7月から国立特別支援教育総合研究所当Webサイトにて公表された。実践事例について検索するシステム（データベース）である『「合理的配慮」実践事例データベース』とインクルーシブ教育システム構築に関連する様々な情報を掲載している『関連情報』の2つのコンテンツがある。

①「合理的配慮」実践事例データベース
②-1 インクルーシブ教育システムについての基礎的情報
　・障害者の権利に関する条約への対応（これまでの経緯）
　・関連法令、施策
　・関係用語の解説
②-2 インクルーシブ教育システム構築に関するQ＆A
　・基本的な考え方
　・学校・地方公共団体向け
　・保護者向け
②-3 その他
　・障害のある子どもの就学に関する手続き
　・早期からの教育相談・支援体制構築事業　成果報告書（概要）
　・インクルーシブ教育システム構築に関する研究成果
　・障害のある子どもの教材・支援機器等に関する情報
　・諸外国における障害のある子どもの教育に関する情報
　・文部科学省による実施事業の情報

「インクルーシブ教育システム構築支援データベース」（インクルDB）http://inclusive.nise.go.jp/

（7）海外のインクルーシブ教育システム

平成26年1月20日に日本も国連障害者権利条約の批准国となった。これは、署名国160ヵ国中141番目（地域としてのEUを含む。）の批准国となる。障害者権利条約の批准に向け、平成24年7月23日には中央教育審議会初等中等教育分科会から「共生社会の形成に向けたインクルーシブ教育システム構築のための特別支援教育の推進」について報告がなされた。これがインクルーシブ教育システム構築の背景となる。

特別な教育ニーズのある子どものインクルージョンに関する施策や教育実践について、例えば、ヨーロッパにおいては、傾向が3つのグループに分かれることが指摘されている（フランス国立特別支援教育高等研究所 Nel Saumont 氏による NISE 講演資料より（翻訳））。

最初のカテゴリーは、「単一路線型」で、ほぼ全ての子どもが、インクルーシブな教育体制の中に取り込まれているというグループである。このグループにおいては、インクルージョンは、通常の学校を支える幅広いサービスによって成り立っている。スウェーデン、ノルウェー、イタリアなどが、このグループに属している。

　２番目のカテゴリーは、「明確に区別される二つの教育システムを特徴とするグループ」である。このグループにおいては、特別な教育ニーズのある子どもたちは、特別な学校や特別な学級において、障害のない子どもたちとは異なるカリキュラムに基づいて教育を受けている。ベルギー、スイス、オランダ、ドイツが、このグループに属している。

　最後のカテゴリーは、「インクルージョンへの多様なアプローチを行っているグループ」である。このグループの国々においては、通常の教育と特別なニーズ教育の二つのシステムの間で、多様なサービスを提供している。イギリス、オーストリア、フィンランド、デンマーク、フランスなどが、このグループに属している。

　このように、海外のインクルーシブ教育システムは、国や地域により様々な特色のある取組となっている。

　表３には本研究所の国際調査により、特別なニーズのある子どもの教育に関する基本情報を示した。特別な教育の対象となっている子どもの全体の割合は、最も多いイギリスで17％～20％近く、最も少ない中国で0.3％となっている。日本は３％程度である。

　図７に、特別な学校、特別な学級、通常の学級で教育を受けている、特別なニーズのある子どもの割合をグラフで示した。

　日本においては、特別支援学校、特別支援学級、通級による指導の対象となっている子どもをあわせると、３％程度だが、これに通常の学級に在籍する、発達障害の可能性のある子どもをあわせると、10％近くが、特別支援教育の対象となると考えられる。

表３　特別なニーズのある子どもの教育に関する基本情報

		日本	イギリス	フランス	ドイツ	イタリア	アメリカ	中国	韓国
国連障害者権利条約	上段：署名年月日 下段：批准年月日	2007/9/28 2014/1/20	2007/3/30 2009/6/8	2007/3/30 2010/2/18	2007/3/30 2009/2/24	2007/3/30 2009/5/15	2009/7/30 未批准	2007/3/30 2008/8/1	2007/3/30 2008/12/11
同選択議定書	上段：署名年月日 下段：批准年月日	未署名	2009/2/26 2009/8/7	2007/9/23 2010/2/18	2007/3/30 2009/2/24	2007/3/30 2009/5/15	未署名	未署名	未署名
特別な学校	児童生徒数 割合（％）	67,173 0.65	81,740 0.99	79,217 0.61	377,922 4.34	1,835 0.03	190,314 0.35	177,195 0.13	25,138 0.29
特別なクラス	児童生徒数 割合（％）	174,881 1.70	不明	75,905 0.59	不明	無し		3.374 0.0024	45.181 0.53
通常の学級	児童生徒数 割合（％）	77,882 0.76	1,295,031 15.68	163,255 1.27	102,102 1.17	187,728 2.58	5,519,252 10.05	187,534 0.13	15,930 0.19
対象全体	割合（％）	3.11	16.67	2.47	5.51	2.60	10.61	0.26	1.01
全児童生徒	人	10,300,120	8,258,845	12,886,120	8,708,531	7,278,018	54,905,240	139,731,576	8,553,772

注①：国によって、データのもととなる学校段階や対象年齢が異なっているため、単純な比較はできない。
注②：イギリスについては連合王国の中から、最も人口の多いイングランドを対象とした。以下、同様。

イギリスでは、17〜20％の子どもが特別な支援の対象となっている。これは、障害のある子どもの他に、英語を母国語としない子どもや、移民の子ども等、特別な教育の対象が広くとらえられているためである。イギリスでは特別な教育ニーズの程度に対応して、スクールアクション、スクールアクションプラス、判定書に基づく手厚い支援、という3段階の教育支援を行ってきた。平成26年に制度改革を行い、現在は移行期である。

　フランスでは特別な学校、特別な学級、通常の学級で特別な支援を受ける子どもの割合は2.5％程度だが、学習不振児のための教育部門または学校をあわせると、4〜6％となっている。

　ドイツでは、支援対象が5〜6％程度である。特別学校の障害種別が規定されている。特別学校に在籍している割合は、4〜5％と高くなっている。近年は障害のある子どもが通常の学級に通う割合は増加している。

　イタリアでは、支援対象は2.3〜2.6％程度である。フルインクルージョン政策を実施している。少人数学級で、全子ども数に特定の比率で支援教師を配置し、支援教師は学級全体に対しても責任を持つ。障害が重度の場合は、通常学級の子どもとの関わりを大事にしながら別室で個に応じた学習を行うケースもある。法改正前から存在する視覚障害、聴覚障害の特性に配慮した学校も存在するが、健常児も受け入れている。

　アメリカでは、支援対象は10〜13％程度である。障害カテゴリーの各基準に照らしてサービスの対象となった子どもには、教育の場やサービスの内容を規定する個別化された指導計画が作成される。最大限に通常級への就学をめざし、障害のある子どもに対して、様々な支援を提供しても教育の成果が得られない場合に限り、特別な教育の場が認められている。特別な学級やリソースルームが存在するが、統計的には、通常の学級に在籍する時間が39％以下の子ども、40〜79％の子ども、80％以上の子どもというグループに分けられている。

　中国では支援対象は0.2〜0.3％程度である。特別学校、特別クラスに加えて、特別のニーズのある子どもを通常学級で指導する「随班就読」がある。諸外国に比べて障害のある子どもの就学率が低く、平成22年7月中国政府は『国家中長期教育改革及び発展計画綱要（平成22年〜平成32年）』を発表し、障害のある子どもの就学率の向上を目指している。

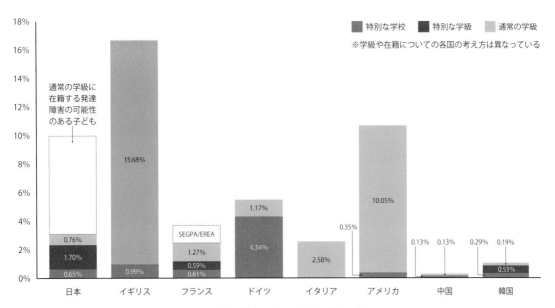

図7　各国の障害のある子どもの教育の場

韓国では支援対象は1.0〜1.2%程度である。障害種別の特別学校を設置している。通常学校の通常学級、特別クラスか、特別学校のいずれかに就学する。平成6年の特殊教育振興法改正に統合教育、差別の禁止、個別化教育計画が明記された。同法律は、平成19年特殊教育法に全面改正され、障害のある子どもの幼児教育、高等学校教育につい手義務教育化された。
　このように、学級や在籍についての各国の考え方は、大きく異なっている。
　本稿については、国立特別支援教育総合研究所ジャーナルに掲載された「諸外国における障害のある子どもの教育」（平成27年）、及び平成28年1月に開催されたNISE特別支援教育国際シンポジウムで報告のあった「諸外国における障害がある子どもの教育の状況」を主たる資料として、各国の教育状況をまとめたものである。

（笹森　洋樹、石坂　務）

Ⅳ　総合考察

　本研究は、これまでのインクルーシブ教育システムに関する研究成果を踏まえ、本人・保護者と学校や教員との共通理解のもと、学校におけるインクルーシブ教育システム構築のための体制づくりをどのように進めればよいか、その重視すべき内容について検討し、教育現場に提供することを目的とした。

1．教育現場における戸惑いと不安感、負担感

　研究の背景には、我が国においても国内法の整備とともに、平成26年1月に障害者の権利に関する条約が批准され、中教審報告に示された「共生社会に向けたインクルーシブ教育システム構築」が進められることになるが、それらの情報が教育現場に十分に届いていない現状があり、国の動きと学校現場の状況や教員の意識とは大きな隔たりがあることである。インクルーシブ教育システムや合理的配慮など新しい聞き慣れない用語だけが飛び交う中、学校や教員が戸惑いと不安を抱えている状況の中で、平成28年4月からは障害者差別解消法が施行される。

　批准に先駆けて平成24年7月に中央教育審議会初等中等教育分科会によりまとめられた「共生社会の形成に向けたインクルーシブ教育システム構築のための特別支援教育の推進（報告）」（以下、中教審報告）では、障害者の権利に関する条約第24条を受けて、「インクルーシブ教育システムとは、障害のある者と障害のない者が共に学ぶ仕組みであり、障害のある者が一般的な教育制度から排除されないこと、自己の生活する地域において初等中等教育の機会が与えられていること、個人に必要な合理的配慮が提供されること等が必要とされる旨が示されている。そして、共生社会の形成に向けては、障害者の権利に関する条約に基づくインクルーシブ教育システムの理念が重要であり、その構築のため、特別支援教育を着実に進めていく必要がある」と示されている。

　つまり、インクルーシブ教育システム構築のためには特別支援教育の充実が基盤となるということであり、これまでの特別支援教育に変わり、新たにインクルーシブ教育が始まるということではない。中教審報告において、「基本的な方向性としては、障害のある子どもと障害のない子どもが、できるだけ同じ場で共に学ぶことを目指すべきである。その場合には、それぞれの子どもが、授業内容が分かり学習活動に参加している実感・達成感を持ちながら、充実した時間を過ごしつつ、生きる力を身に付けていけるかどうか、これが最も本質的な視点であり、そのための環境整備が必要である」と述べられているように、障害のある子どもと障害のない子どもが単に同じ場で学ぶことだけを目的としている訳ではない。しかし、教育現場においては断片的な情報から、「特別支援教育はこれからインクルーシブ教育に変わっていく」、「インクルーシブ教育では障害のある子どもが障害のない子どもが通常の学級で一緒に学ばなければならない」などの誤解や、分からないことに対する不安感や負担感を感じている学校関係者や教員等も多い。学校における体制づくりを進めるためには、インクルーシブ教育システム構築に関する正しい情報をできるだけ分かりやすく提供し、これらの不安感や負担感を軽減していく必要がある。

2．体制づくりに重視すべき内容の8つの観点

　学校が抱える課題は、多様化・複雑化してきており、それらの課題を解決するためには、地域の専

門家や専門機関とも連携し、学校がチームとして取り組む体制を整備することが必要になってきている。インクルーシブ教育システム構築のための教育の専門性を確保し、チームとしての学校の体制づくりを進めるためには、教職員一人一人がその理念や意義を理解し、基本的な知識と取組に対する意識を高めていく必要がある。

体制づくりは、学校全体の組織的な取組として進めることが重要であることから、体制づくりに重視すべき内容については、その中心となる管理職や特別支援教育コーディネーターだけでなく、全ての教職員にとってできるだけ分かりやすく内容を示す必要がある。

そこで本研究では、中教審報告に示された内容をできるだけ教育現場に分かりやすく伝えることにも留意し、学校における体制づくりに関して重視すべき内容について、教育現場のニーズを把握し、Q&Aの形式を中心にできるだけ具体的にまとめていくこととした。

本研究所で取り組んだ先行研究では、インクルーシブ教育システム構築に向けた取組を進める上で必要とされる、教育の専門性や関係者の情報共有、関係機関等との連携、協働等を含む組織運営等を、体制づくりの問題としてとらえ、その在り方について検討し、地域（市町村）における体制づくりに必要かつ重視すべき内容をグランドデザインとしてまとめた。本研究では、各学校が、地域（市町村）における体制づくりのグランドデザインをどのように活用して体制づくりを進めればよいか、また、各学校の体制づくりの状況に応じて地域（市町村）は体制づくりをどのように見直していけばよいか、学校における体制づくりとそれを支える地域（市町村）における体制づくりをシステムとして構築できるように重視すべき内容をまとめていくこととした。

学校における体制づくりのために重視すべき内容を検討するにあたっては、先行研究で整理した地域（市町村）における体制づくりのグランドデザインの8つの視点をもとにした。グランドデザインは、全国どこの地域（市町村）においても等しく取り組むべきもの（ナショナルミニマム）としてまとめたものである。

8つの視点は、「インクルーシブ教育システム構築に向けてのビジョン」「組織運営に関すること」「乳幼児期からの早期支援体制に関すること」「就学相談・就学先決定に関すること」「合理的配慮、基礎的環境整備の取組に関すること」「地域資源の活用による教育の充実に関すること」「教育の専門性に関すること」「社会基盤の形成に関すること」である。

これらの地域（市町村）における体制づくりのグランドデザインを支えとして、各学校がどのように体制づくりを進め、インクルーシブ教育システムを構築していけばよいか、ガイドライン（試案）に示される内容は教職員の共通理解のもと学校が主体的に進めることができるための参考になるものであることが望まれる。国や自治体から教育現場に求められているものと、学校等の教育現場が進めていくものが合致していなければ、インクルーシブ教育システム構築のための体制づくりは進まない。

3．インクルーシブ教育システムに関する教育現場の意見収集とニーズの把握

そこで本研究では、文部科学省で取り組まれたインクルーシブ教育システム構築モデル事業地域における取組の成果と課題を参考にするとともに、研究協議会による意見交換、及び研究協力機関である教育委員会や学校等に訪問し、行政関係者及び学校関係者からインクルーシブ教育システム構築に関する教育現場の課題や今後重要と思われること、インクルーシブ教育システムに関して分からないことや知りたいこと等について、意見や情報を収集することにより教育現場のニーズを把握し、ガイドライン（試案）の内容に反映することとした。

インクルーシブ教育システム構築に関する教育現場の課題として多く挙げられたのは、インクルー

シブ教育システムや合理的配慮に関する理念や考え方に関する基本的な知識の不足、障害のある子どもと障害のない子どもが共に学ぶことの意義や意味の理解、本人・保護者との合意形成の進め方、そしてそれらに対する教員一人一人の意識改革などであった。その他には、管理職のリーダーシップ、校内委員会や特別支援教育コーディネーターの役割の明確化、個別の教育支援計画及び個別の指導計画の作成と活用、教員の専門性の確保と人材の活用、進学に伴う学校間の引き継ぎと支援のつながり、外部の専門機関との連携のとり方、周囲の子どもや保護者、地域住民に対する理解啓発の促進など、いずれも特別支援教育の体制づくりでも重要になる内容であった。

インクルーシブ教育システムに関して「分からないこと」「知りたいこと」については、システム構築に関すること、合理的配慮に関すること、校内体制に関すること、保護者や外部機関との連携に関することなどにまとめられた。具体的には、システム構築の進め方と評価の在り方、特別支援教育の体制づくりとの違い、合理的配慮や基礎的環境整備の決定のプロセス、保護者との合意形成の図り方、一斉指導の中での合理的配慮の提供の方法、授業づくりや学級経営・生徒指導との関連、連続性のある多様な学びの場の考え方、外部の専門機関等との連携のとり方、個別の指導計画及び個別の教育支援計画の作成と活用、まわりの子どもや保護者に対する理解啓発などであった。

4．ガイドライン（試案）としてのまとめ

これらの教育現場の課題と今後重要と思われること、分からないことや知りたいことに関する意見等を教育現場のニーズとして把握し、その内容をインクルーシブ教育システム構築のための体制づくりについての重要性や優先度から検討し、ガイドライン（試案）の構成を、「学校における体制づくりのためにおさえておきたいこと」「インクルーシブ教育システム構築のための体制づくりQ＆A」「インクルーシブ教育システムに関する知っておきたい基礎知識」の3部構成でまとめることとした。

「学校における体制づくりのためにおさえておきたいこと」の内容は、教育の専門性の確保とチームとしての学校の体制づくりについて、校内の全ての教職員が共通理解しておきたいことである。学校が抱える課題は、多様化・複雑化してきており、インクルーシブ教育システム構築のための体制づくりに関して、不安感や負担感をできるだけ少なくするということである。新たにたくさんのことに取り組む必要はなく、これまでの特別支援教育の体制づくりを充実させることが重要であるということである。校長のリーダーシップ、教職員の共通理解のもと学校全体で取り組む必要があること、特別支援教育がインクルーシブ教育システム構築の基盤となることから、誰もが分かる授業づくりや学び合い、支え合う学級づくりが大切であること、本人及び保護者の教育的ニーズを十分に把握し合意形成のもとで進める必要があること、そのためには地域社会への理解啓発も重要であることなどである。

「インクルーシブ教育システム構築のための体制づくりのQ＆A」では、インクルーシブ教育システムに関して教育現場から挙げられた分からないことや知りたいことを中心に、Q＆A形式でまとめた。教育現場で多く挙げられたもの、具体的な体制づくりの土台にかかわるもの等からQを選定した。Aでは、これまでの特別支援教育の体制整備の見直しとインクルーシブ教育システム構築のための体制づくりの新たな視点から解説した。

「インクルーシブ教育システムに関する知っておきたい基礎知識」は、障害者の権利に関する条約の批准に至までの国内法等の整備を中心に、教育現場にも知っておいて欲しい基礎的な知識について解説した。障害者の権利に関する条約の批准に伴うインクルーシブ教育システム構築は、我が国だけ取組ではなく、世界各国で取り組まれていることを知ることも、教職員一人一人の意識を高めるため

には重要と考え、海外のインクルーシブ教育システムの状況も取り上げることとした。

5．本ガイドライン（試案）の位置付けと普及について

　本ガイドライン（試案）は、地域（市町村）における体制づくりをどのように活用して、各学校が体制づくりを進めればよいか、また、学校の体制づくりの状況に応じて地域（市町村）は体制づくりをどのように見直していけばよいか、学校における体制づくりとそれを支える地域（市町村）における体制づくりをシステムとして構築できるように、学校や地域（市町村）における体制づくりの取組の参考となる重視すべき内容についてまとめたものである。
　ガイドラインには厳密な規定はないが、国や自治体などが指導方針として示す、大まかな指針、指導目標とされている場合が多い。法的な拘束力はないが、取り組むことが望ましいとされる指針や基準の目安などを示したものであるとされている。
　インクルーシブ教育システム構築のためのガイドラインは、本来であれば、文部科学省が示すものであると思われるが、本ガイドライン（試案）は、文部科学省の協力の下に作成したものであり、それに資するものと考えている。しかしながら、障害者の権利に関する条約の批准に伴い、国内法等の整備が進む中、関係省庁から様々な国レベルのガイドラインが示されており、その中には何らかの拘束力をもつものもある。
　本研究においてまとめたガイドライン（試案）については、全ての教職員にできるだけ分かりやすく情報提供し、共通理解のもと負担感や不安感を抱かずに、学校がチームとして組織的な体制づくりを進めていくことを意図したため、望ましい取組に関する大まかな指針や具体的な方向性は示しているが、指針や基準の目安等までは示していない。また、本ガイドライン（試案）は、法的な拘束力をもつものでもない。
　そこで、教育現場への普及と活用を図る際は、本報告書とは別に、「学校における体制づくりのガイドブック」の扱いとして、冊子やリーフレット等を作成し、またWebサイトに掲載することにより、広く情報提供を図ることとする。

6．今後の課題

　研究から見えてきた体制づくりに関する今後の課題について述べる。
　1つ目は、合理的配慮と基礎的環境整備の提供についてである。障害者差別解消法が施行され、学校においても、何らかの配慮を求める意思の表明があった場合には、負担になり過ぎない範囲で、社会的障壁を取り除くために必要で合理的な配慮を行うことが求められる。こうした配慮を行わないことは差別になる。気がかりなのは、本人や保護者からの要請があった場合は、学校はそれを全て受け止めてしまい、障害の状態や教育的ニーズとはかけ離れた配慮も合理的配慮として捉えてしまうことである。「均衡を失した又は過度の負担」に関する基準が欲しいという現場の声にもそれが現れている。
　合理的配慮は、障害に対して提供されるのではなく、障害の状態や特性等から生じる教育的ニーズに対して提供される。教育的ニーズは子どもの状態の変化により変わりうるものであり、教育的成果の評価・見直しにより合理的配慮も変わっていくものである。校内で評価し検討する仕組みを整備する必要がある。
　本人及び保護者との合意形成について指導や助言を行う教育支援委員会（仮称）のような組織を教育委員会等に設置することも重要である。意思の表明とは、障害のある子どもが自分の特性がわかり、

必要な配慮について表明できるということである。本人のニーズを抜きにしてまわりが必要性を判断するものではない。本人が自分の困難さに対して必要な配慮を提供されることにより、学習や生活の状況が改善されているという実感と認識が持てることが重要になる。そのことが、また自分の特性に関する自己理解を促していくことにもなる。

　合理的配慮は個人に提供されるものであることから、これまで以上に、個々の子どもの学習や生活上の困難さへの気づきが大切になるが、合理的配慮は基礎的な環境整備のもとで成り立つものである。学ぶ環境がきちんと整備されていなければ、合理的配慮の成果も見えてこない。誰もが分かりやすい授業づくりや学び合い、支え合う学級づくりが基本であることに変わりはないが、今後は、一人一人の学び方の特性に応じた指導方法の工夫が求められてくる。

　２つ目は、通常の学級、特別支援学級、通級による指導、特別支援学校という連続性のある多様な学びの場についてである。障害のある子どもの就学先決定の仕組みが変わり、特別な教育的ニーズに応じて教育の場を総合的に判断し、また、状態の変化により柔軟に就学の場を見直していく仕組みとなった。教育的ニーズのある子どもに対して、適切な指導と必要な支援を行うためには、学びの場を柔軟に工夫することも検討していくことが必要になる。例えば、基礎的な環境整備として、通級による指導を利用したり、特別支援学校の弾力的運用により個別指導を行ったりするなど、個に応じた指導や学びの場の設定等による特別な指導を行う場がある。合理的配慮はそれぞれの教育の場で提供される。合理的配慮も含め個別的な指導の場における指導が、通常の学級における指導にもつながっていくことが望まれる。連続性のある多様な学びの場とは、多様な学びの場がそれぞれ独立して存在するのではなく、例えば、特別支援学校、特別支援学級と通常の学級それぞれの場で行われる教育に連続性があるということであり、教育課程の編成の在り方についても検討課題となる。

　３つ目は、教員の専門性の確保の課題である。インクルーシブ教育システムにおける教育の専門性とは何かという課題でもある。インクルーシブ教育システム構築のための体制づくりにおいても、管理職のリーダーシップのもと特別支援教育コーディネーター、特別支援学級や通級指導教室の担当教員、養護教諭などはキーパーソンとなる。こうした特別な役割を担う専門性の高い教員の育成が重要であることはもちろんのことであるが、同時に、全ての教員がインクルーシブ教育システムや合理的配慮等についての基本的な知識を身に付けておく必要がある。共生社会の形成や、障害のある子どもと障害のない子どもが共に学ぶことの意義や意味について、校内の教職員間で共通理解ができていなければ、組織としての体制づくりは進まない。教員養成段階での特別支援教育、発達障害の含めた様々な障害に関する基本的な知識、そしてインクルーシブ教育システムに関する理念等について、教員養成段階の大学等の必修にすること、現職教員には受講を必須とする研修体制の充実が急務である。

　４つ目は、学校教育を支える地域の資源の活用や、関係機関等との連携である。子どもの育ちは学校だけが担うのではなく、保健や医療、福祉、労働等の関係機関が学校教育を支える体制づくりも重要である。多職種の専門家が多数、学校教育に携わることになることから、これまで以上に、管理職には、ビジョンを明確にし、組織的、計画的に取り組む学校経営のマネジメント力も求められる。

　５つ目は、幼児教育から初等中等教育、高等教育に至るまでの支援のつながりである。就学前の相談支援ファイルや就学支援シートと、個別の教育支援計画がばらばらに活用されるのではなく、生涯にわたる支援ツールとして活用できるものにする必要がある。我が国においても米国のＩＥＰ（Individualized Education Plan）のような行政サービスを保障するものにしていくことも今後検討する必要がある。

　６つ目として、インクルーシブ教育システムは関係者だけの取組では定着は難しい。国民や地域住民、学校であれば当事者以外の子どもや保護者への理解啓発を、国、地域、学校のそれぞれのレベル

で進めていくことが重要である。

　障害者基本法には、障害者の定義として、身体障害、知的障害、精神障害（発達障害を含む。）その他の心身の機能の障害（以下「障害」と総称する。）がある者であって、障害及び社会的障壁により継続的に日常生活又は社会生活に相当な制限を受ける状態にあるものとしている。これは、障害者が日常生活又は社会生活において受ける制限は、障害のみに起因するものではなく、社会における様々な障壁と相対することによって生ずるものとのいわゆる「社会モデル」の考え方である。社会的障壁の除去について国全体の意識を高める必要があると考える。

　最後に、本研究では、学校におけるインクルーシブ教育システム構築のための体制づくりのガイドラインとしての枠組みを示した。国全体としてインクルーシブ教育システムが構築されていくためには、これらの枠組みが実行に移され、具体的な取組としての実践の積み重ねによる事例の集積と検証が必要である。また、システム構築はよりよいものをつくりあげていくプロセスである。そのためには、ビジョンを具現化していくための到達目標の設定と進捗状況を管理するための、システム構築に関する段階的で具体的な指標なども明らかにしていく必要がある。

（笹森　洋樹）

<引用・参考文献>

CAST（2014）学びのユニバーサルデザイン（UDL）ガイドライン．
　http://www.udlcenter.org/sites/udlcenter.org/files/Guidelines_2.0_New%20organization_japanese.pdf（アクセス日、2015-11-02）
厚生労働省．障害児支援のあり方に関する検討会（2014）今後の障害児支援の在り方について（報告書）～「発達支援」が必要な子どもの支援はどうあるべきか～
芝田裕一（2013）人間理解を基礎とする障害理解教育のあり方．兵庫教育大学研究紀要，43，25-36．
中央教育審議会初等中等教育分科会（2012）共生社会の形成に向けたインクルーシブ教育システム構築のための特別支援教育の推進（報告）．
中央教育審議会初等中等教育分科会（2015）チームとしての学校の在り方と今後の改善方策について（答申）．
東京都教職員研修センター教育開発課（2008）．障害者理解のための学習に関する教員研修資料集．
徳田克己・水野智美（2004）障害理解－心のバリアフリーの理論と実践－．誠信書房．
独立行政法人国立特別支援教育総合研究所（2012）専門研究A「インクルーシブ教育システムにおける教育の専門性と研修カリキュラムの開発に関する研究」研究成果報告書．
独立行政法人国立特別支援教育総合研究所（2012）専門研究A「インクルーシブ教育システムの構築に向けた特別な支援を必要とする子どもへの配慮や特別な指導に関する研究－具体的な配慮と運用に関する参考事例－」研究成果報告書．
独立行政法人国立特別支援教育総合研究所（2014）専門研究A「インクルーシブ教育システム構築に向けた取組を支える体制づくりに関する実際的研究－モデル事業等における学校や地域等の実践を通じて－」研究成果報告書．
独立行政法人国立特別支援教育総合研究所（2010）．重点推進研究「小・中学校等における発達障害のある子どもへの教科教育等の支援に関する研究」研究成果報告書．
独立行政法人国立特別支援教育総合研究所（2012）．重点推進研究「発達障害のある子どもへの学校教育における支援の在り方に関する実際的研究－幼児教育から後期中等教育への支援の連続性－」研究成果報告書．
独立行政法人国立特別支援教育総合研究所：インクルーシブ教育システム構築支援データベース（インクルDB）．
http://inclusive.nise.go.jp/
独立行政法人国立特別支援教育総合研究所（2015）国立特別支援教育ジャーナル第4号
文部科学省初等中等教育局特別支援教育課（2013）教育支援資料－障害のある子供の就学手続と早期からの一貫した支援の充実－
文部科学省．文部科学省所管事業分野における障害を理由とする差別の解消に関する対応指針．
　http://www.mext.go.jp/a_menu/shotou/tokubetu/material/1364725.htm（アクセス日、2015-11-02）

研究体制

1. 研究代表者　笹森　洋樹（教育情報部　上席総括研究員）

2. 研究分担者　久保山茂樹（企画部　総括研究員　研究副代表）
　　　　　　　石坂　務　（企画部　主任研究員）※推進メンバー
　　　　　　　伊藤　由美（教育支援部　主任研究員）※推進メンバー
　　　　　　　岡本　邦広（教育情報部　主任研究員）※推進メンバー
　　　　　　　森山　貴史（教育研修・事業部　研究員）※推進メンバー
　　　　　　　生駒　良雄（企画部・総括研究員）
　　　　　　　大崎　博史（教育研修・事業部　主任研究員）
　　　　　　　小澤　至賢（教育支援部　主任研究員）
　　　　　　　海津亜希子（企画部　主任研究員）
　　　　　　　江田　良市（教育情報部　総括研究員）
　　　　　　　齊藤由美子（企画部　総括研究員）
　　　　　　　澤田　真弓（教育研修・事業部　上席総括研究員）
　　　　　　　徳永亜希雄（教育研修・事業部　主任研究員）
　　　　　　　藤本　裕人（教育支援部　上席総括研究員）
　　　　　　　牧野　泰美（教育支援部　総括研究員）
　　　　　　　松見　和樹（教育研修・事業部　主任研究員）
　　　　　　　村井敬太郎（教育支援部　主任研究員）
　　　　　　　涌井　恵　（教育情報部　主任研究員）

3. 研究協力者　齋藤憲一郎
　　　　　　　（文部科学省初等中等教育局特別支援教育課特別支援教育企画官）
　　　　　　　田中　真衣
　　　　　　　（厚生労働省社会・援護局障害保健福祉部障害福祉課　障害児・発達障害者支援室・障害福祉専門官）

（敬称略）

4. 研究協力機関　　秋田県潟上市教育委員会　　宮城県石巻市教育委員会
　　　　　　　　　千葉県船橋市教育委員会　　新潟県上越市教育委員会
　　　　　　　　　長野県岡谷市教育委員会　　兵庫県芦屋市教育委員会
　　　　　　　　　三重県いなべ市教育委員会　和歌山県和歌山市教育委員会
　　　　　　　　　山口県下関市教育委員会　　宮崎県教育委員会

おわりに

　ガイドラインが、取り組むことが望ましいとされる指針や基準の目安などを示したものであるとすれば、本研究で作成したものは、大まかな指針と具体的な方向性を示すにとどまっている。教育委員会等の行政関係者や学校の管理職や特別支援教育コーディネーターのような推進役が体制づくりを進めるためのものというよりは、全ての教職員や学校関係者が共通理解の上で協働する必要があると考え、教育現場のニーズを把握し、できるだけわかりやすく情報提供することを第一の目的としたからである。

　障害者の権利に関する条約の批准によりスタートがきられたインクルーシブ教育システムは、特別支援教育に関する専門性だけでは構築することは難しい。我が国の教育制度そのものをどう方向づけていくのかという課題でもある。共生社会の形成に向けて学校教育が、社会が大きく変わらなければいけない時期にきているということを、学校関係者だけでなく、地域住民、国民全体に対しても理解啓発を図っていく必要がある。

　最後に、研究協力者として国の行政の立場から指導・助言をいただきました、文部科学省初等中等教育局特別支援教育課特別支援教育企画官　齋藤憲一郎氏、厚生労働省社会・援護局障害保健福祉部障害福祉課　障害児・発達障害者支援室・障害福祉専門官　田中真衣氏、また、研究協力機関として情報収集や研究協議にご協力いただきました、秋田県潟上市教育委員会、宮城県石巻市教育委員会、千葉県船橋市教育委員会、新潟県上越市教育委員会、長野県岡谷市教育委員会、兵庫県芦屋市教育委員会、三重県いなべ市教育委員会、和歌山県和歌山市教育委員会、山口県下関市教育委員会、宮崎県教育委員会の関係者の皆様に厚く感謝申し上げます。

研究代表者　教育情報部上席総括研究員　笹森　洋樹

専門研究 A

インクルーシブ教育システム構築のための体制づくりに関する研究
―学校における体制づくりのガイドライン（試案）の作成―

平成 27 年度

研究成果報告書

研究代表者　笹森 洋樹

平成 28 年 3 月
著作　独立行政法人国立特別支援教育総合研究所
発行　独立行政法人国立特別支援教育総合研究所
　　　　　　〒 239-8585
　　　　　　神奈川県横須賀市野比 5 丁目 1 番 1 号
　　　　　　TEL：046-839-6803
　　　　　　FAX：046-839-6918
　　　　　　http://www.nise.go.jp

インクルーシブ教育システム構築のための学校における体制づくりのガイドブック
～全ての教員で取り組むために～

2017（平成29）年7月18日　初版第1刷発行

- ●著作権所有　独立行政法人
  　　　　　　国立特別支援教育総合研究所
- ●発行者　錦織圭之介
- ●発行所　株式会社東洋館出版社
  　　　　〒113-0021
  　　　　東京都文京区本駒込5丁目16番7号
  　　　　営業部　TEL：03-3823-9206
  　　　　　　　　FAX：03-3823-9208
  　　　　編集部　TEL：03-3823-9207
  　　　　　　　　FAX：03-3823-9209
  　　　　振　替　00180-7-96823
  　　　　URL　http://www.toyokan.co.jp
- ●装丁・本文デザイン　山岸治
- ●印刷・製本　藤原印刷株式会社

ISBN978-4-491-03373-0　　Printed in Japan